读懂财务报表一本通

姚茂敦
王文琳
著

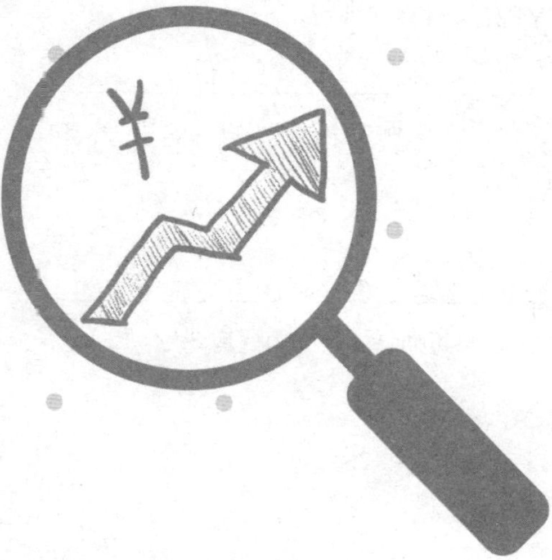

中国铁道出版社有限公司
CHINA RAILWAY PUBLISHING HOUSE CO., LTD.

内 容 简 介

本书详细分析财务报表中的主要科目，从中寻找企业健康发展的规律，可持续盈利的保证，以及了解上市公司常见的“猫腻”。

无论是企业管理者、股东、员工还是投资人，都应对企业的运营情况有清晰而准确的认识，因为每个群体的知识结构和专业素养差距较大，因此本书侧重介绍财务报表的主要基本知识、几大报表之间的关系和阅读财务报表时可能遇到的问题，并对报表项目典型的盈余操纵案例进行分析点评，通过剖析上市公司公开披露的财务报表，帮助不同类型的人尤其是股市投资者避开雷区。配合生动的案例，使深奥难懂的专业财务知识阅读起来简单易学，适合初、中级企业管理者，经济研究者，股市投资者，企业股东，债权人等群体收藏品读。

图书在版编目（CIP）数据

读懂财务报表一本通/姚茂敦，王文琳著.—北京：中国铁道出版社有限公司，2020.9

ISBN 978-7-113-27096-4

Ⅰ.①读… Ⅱ.①姚… ②王… Ⅲ.①会计报表-会计分析 Ⅳ.①F231.5

中国版本图书馆CIP数据核字（2020）第130345号

书　名：读懂财务报表一本通
DU DONG CAIWU BAOBIAO YIBENTONG
作　者：姚茂敦　王文琳

责任编辑：张亚慧　　读者热线：（010）63560056　　邮箱：lampard@vip.163.com
封面设计：宿　萌
责任校对：王　杰
责任印制：赵星辰

出版发行：中国铁道出版社有限公司（100054，北京市西城区右安门西街8号）
印　刷：三河市宏盛印务有限公司
版　次：2020年9月第1版　2020年9月第1次印刷
开　本：700 mm×1 000 mm 1/16　印张：12.75　字数：179千
书　号：ISBN 978-7-113-27096-4
定　价：55.00元

前　言

我有个很要好的儿时玩伴，虽然都来自同一个地方，但我们的成长轨迹完全不同。他自小不喜欢读书，初中毕业后就跟随南下打工的大潮去了深圳淘金。先是从工厂操作工做起，再到啤酒销售员、建材公司主管，后来又倒腾义乌小商品。积累了一定的资本后，几年前他决定单干，开始做一个小工厂。而我则遵从考大学、毕业后留在大城市工作的路子。应该说，我们的生活轨迹完全不同，混的圈子也是天壤之别，尽管彼此偶尔有联系，但交流并不多。

不过，2017 年底发生的两件事让我感受颇深。因为在外漂泊的人都回老家过年，这位发小“逮着”我就诉苦，说自己文化水平太低，又不懂专业的财务知识，结果他被合伙人坑了一把。我问他是如何被坑的？他说，合伙人给他推荐一个项目，说项目方的财务数据很健康，做的又是国家政策支持的朝阳产业，稀里糊涂之下，他砸了 30 万元进去，结果不到 3 个月，项目方宣告投资失败，投进去的钱彻底打了水漂。后来他才知道，这个合伙人与项目方是亲戚关系，但他看不懂漏洞百出的财报。

另一件事是村里的一位邻居。大学毕业后，在省城一家广告公司上班，每天过着朝九晚五的生活。2017 年 4 月，经不住同事的劝导，投入 5 万元“杀”入股市。刚进入股市，比较激动，最开始选择做短线，但一番搏杀下来，账户里的本金缩水至 2 万元，亏损过半。虽然沪深指数当年下半年走高，但他买的股一直趴着不动，也不忍割肉。听说我对股市有点研究，就急慌慌地找到我，希望能传授他一点绝招。我告诉他，投资炒股，绝无捷径可走，更无绝招。在风高浪急的股海遨游，必须静下心勤奋学习，从实战中练好本事才是制胜之道。我建议他除了掌握基础的技术指标，还得重点学习财务报表的知识，可以避开一些不易察觉的陷阱，尽可能地防止被人蒙骗。

这两件事对我触动很大。改革开放40余年来，在中国经济已经跃升为全球第二大经济体的今天，老百姓的收入增加，可用于投资的资金变多，加上“双创”热潮，创业者数量呈井喷之势，但这些规模日趋庞大的群体，却大多没有财务基础知识。当他们满腔热血地冲进股市或在残酷的市场竞争中左冲右突时，面对的风险和陷阱数不胜数，稍不小心，可能遭遇血本无归的结局。

平时生活中，也经常有亲朋好友和我交流，说自己工作太忙，根本无暇天天看盘做短线，想买点“质地”不错的公司股票长期持有。我告诉他们，价值投资虽然在A股市场上被人诟病，但不管怎么说，未来对投资者的要求会越来越专业，“去散户化”是大势所趋，过去那种靠内幕消息牟取暴利的时代将一去不复返，而投资的专业性，要求投资者会看财务报表是其必备的技能之一。

投资者看完年报后，可以对上市公司的基本概况、生产经营情况、发展战略和未来规划有一个大致了解，而这些内容对投资者来说是较为关键的信息。对年报披露的所有信息进行阅读分析后，投资者就可能发现漏洞或发现有价值的投资机会。

年报披露的信息包罗万象，面对的读者群体不仅仅是投资者，也包括公司股东、潜在的投资者、债权人及普通员工。当然，不同的读者关注的点肯定有所不同，比如投资者，关注和想了解的内容大多集中在公司的营收规模大小，净利润增长情况，新产品研发进程，现金流是否正常，债务是否沉重等要点上；对这些核心内容了解清楚后，基本可以判断这家公司的发展是否健康，发展前景如何，是否值得投资，轻仓买入还是全仓买入。

自进入股市15年来，经历了太多牛熊转换，见过了太多不良上市公司的财务造假伎俩，为了给那些财务基础薄弱的创业者以及遭遇持续亏损的股市投资者带来易懂有用的知识，我决定写一本有关财务报表的书，用于指导他们的管理和投资工作。

然而，经过对市场上众多有关财务报表的书籍进行研究分析之后，我发现它们要么是板着脸说话的教材，要么是术语一堆且深奥难懂的大部头，真正符合初、中级读者的书并不多。因此，我对本书的写作思路进行了大调整，别开生面，对专业的财务报表科目进行重点呈现，这种方式可以让读者在阅读时不会产生过于惧怕、望而却步的心理。同时，在编排上配合大量简短的人物对话、案例和图表，让阅读专业书变成一件轻松愉快的事情。

如今，财务报表的重要性毋庸赘述，财务报表分析又是一项专业性较强，并且讲究一定方法和技巧的工作，只有真正理解财务报表的编制原理，熟练掌握相关指标，并形成一套自己的分析方法和技巧，才能获取准确、有价值的财务信息，进而作出科学决策。对股市中的价值投资者而言，更应如此。

因此，在信息大爆炸时代，无论你是何种身份，从事何种工作，了解财务知识、看懂财务报表是跟上时代发展的基本要求，绝不是可有可无。

本书一共6章，主要内容涉及哪些人必须懂得财务报表，详细解读资产负债表、利润表、现金流量表和合并报表，还配合案例重点剖析如何识别财务造假，以及通过财务报表挖掘牛股。应该说，财务报表涉及的知识很多，在写作时进行了筛选，重点突出对企业管理者、股东或投资者比较常见和使用的部分。不敢说本书是最好的，但力求做到好看、易懂和有效。要特别提醒的是，本书案例信息仅做研究之用，不作为投资建议！投资者据此操作，风险自担！

本书主要解读专业的财务报表知识，尤其是比较重要的概念或知识点，用特殊的形式予以呈现，整体效果较好，适合阅读本书的群体比较广泛，包括企业管理者、股东、债权人、长线价值投资者，也适合从事资信评估、银行授信等人士参考使用。

谢谢您打开本书，祝您阅读愉快！

作　者

2020 年 6 月

目 录

01

第一章
五种人必须懂得财务报表

在现代商业社会中，财务报表的作用较多。比如，可以全面系统地揭示企业一定时期的财务状况、经营成果和现金流量。

企业作为以盈利为目的，从事生产经营活动的经济组织，经营状况的好坏直接体现在财务报表中。从经营和投资的角度来看，无论是企业主、股东、债权人、员工、投资者还是创业者，都必须读懂并深刻理解财务报表，才能更好地理解财务报表所反映的经济实质，对企业的经营业绩作出客观评价，并作出恰当的投资决策。

从投资者的角度来说，闻名于世的巴菲特，是极其重视财务报表的代表人物。他曾经说过，通过阅读财务报表，希望尽可能了解公司在三年、五年、十年后的盈利能力，然后和现在的市场价格做比较，必须非常正确地理解公司业务的经济特征，如果不能下一个结论，就不会购买这个公司的股票。

第一节 老板不懂财报，管理肯定低效

企业管理者或老板是受股东的委托，处理公司的日常事务并且做出投资决策的一类群体，并且有让股东投入企业的资本保值、增值的义务和责任。

企业管理者要努力做好公司的日常经营活动，善于发现公司企业的问题并且找到解决问题的方法，确保股东利益最大化，同时又能优化企业的资源配置，持续提升企业的核心竞争力。

老李："老张，我虽然炒股有些年头了，但之前只看技术指标，对财务知识一窍不通，最近在股市中踩了雷，损失有点儿大。我现在很想从零开始学习财务报表的相关知识，会不会有点儿晚了？"

老张："任何时候学习都不晚！"

老李："你是财务专家，想跟着你学习，可以吗？"

老张："没问题！其实，不仅股民需要掌握财务报表的相关知识，其他人群也必须得懂，否则容易吃大亏。"

老李："哪些人群？"

老张："企业老板、股东、债权人、创业者等都必须学习财务报表知识。这样他们才能清楚地了解企业发展面临的困境，才能想办法解决隐藏在财务报表中的潜在问题。"

企业管理者大多主要负责宏观战略层面的思考和布局，而对于企业机构内部或底层的烦琐事务关注得可能不会太多。那么，企业管理者到底怎样才能知道自己没有辜负股东所托，成功地完成了各项绩效考核呢？以及怎样才能知道

公司的战略布局是否得到有效执行？

所有这些衡量方法，最终都要通过财务报表中的具体数字来体现。比如，公司资产较上一年度大幅增长，但所有者权益却没有大幅增长，增长点几乎都来自银行借款，这种情况就需要企业管理者考虑到底是哪个环节出了问题，因为向银行借款在一定程度上也反映出企业的现金回笼速度不够快，这恰恰说明公司运营多多少少是存在问题的。

对企业管理者来说，报表还可以凸显自己的经营管理能力。假如某人出任一家公司的 CEO 后，公司利润表迟迟没有改善甚至经营状况还较之前恶化，那么可以从侧面判断这家公司的掌舵人经营管理能力起码有待提高，公司董事会可以考虑选举新的决策者来改善公司状况。

此外，企业管理者在阅读和分析财务报表时，很多时候会重点分析现金流量表，因为现金流是一个企业的生命，只要现金流不中断，那么企业就依旧有生存发展的机会，而一旦现金流开始恶化，企业就会面临危机，甚至处于倒闭的境地。原因在于，现金流恶化就意味着企业必须面对资金短缺的风险，从而增加对外举债的活动，而现金流持续恶化下去，若对外负债不能如期偿还，则对企业而言无疑是灭顶之灾。

正常情况下，一个企业的生命力最终还是要靠经营活动来支撑，假如一家企业的大部分利润来自投资活动带来的收益，那么从侧面反映出这家企业“不务正业”，当一家公司的主营业务迟迟无法带来现金或者利润，这家企业的发展很可能会处于不利境地。

基于此，我们可以发现，企业掌舵人哪怕平时很忙碌，甚至不能天天待在企业，通过规范的财务报表，他们也能及时发现和了解企业发展过程中遇到的问题，并且通过自己的专业能力和经验判断，对发现的问题做出适当反应，或调整战略决策，化解经营风险，提升管理质量和管理效率，推动企业经营状况向好的方向发展。

第二节 股民不懂财报，亏损命运难逃

世界著名投资大师巴菲特、逆向投资大师安东尼·波顿、便宜股猎手邓普顿、中国著名私募明星王亚伟等人都拥有令人羡慕的投资业绩，这些投资高手通过对股票市场的精准判断，长期贯彻执行自己的投资策略，先后成为业界传奇。

那么，这些投资大师到底通过什么样的方法来实现自己的盈利目标呢？通过详细的观察对比，可以发现，这些投资大师从来不对市场的内幕消息趋之若鹜，对待动荡不定的市场有着自己的判断，而辅助他们做出投资判断的东西往往都是公开的消息，其中最重要的当属上市公司的各种财务报表。

老张：“老李，知道为什么说股民一定要懂财务报表吗？”

老李：“这么多年的炒股经验告诉我，股民不懂财务报表，不会判断公司业绩好坏，不清楚公司是否有发展前景，相当于把盈亏交给运气。”

老张：“对。不过，对财务知识也要有正确的认识，它并不是万能的。熟悉财报，可以对上市公司了解得更精准，可以少踩雷甚至不踩雷，但股价走势还受其他很多因素的影响。”

老李：“能否举个例子？”

老张：“比如宏观政策走向、国际市场环境变化、公司发展战略、融资方式及投向等都会直接影响股价表现。”

老李：“有人说，股市是称重机，一个公司的经营状况好坏可以从财务报表中发现蛛丝马迹，看来真是如此啊。”

巴菲特曾说过："我阅读我所关注的公司年报，同时我也阅读它的竞争对手的年报，这些是我最主要的阅读材料。我所有的投资收益都是基于对财务数字深度解析所带来的结果，企业财务数字反映的是企业经营管理能力。"

不仅如此，巴菲特还说："会计是商业的语言，你必须了解会计学，并且要懂得其中的微妙之处，因为它是企业与外界交流的语言，如果你愿意花时间去学习，尤其是学习如何分析财务报表，你就能够独立选择和分析投资目标，长期如此，你将会获得超过市场平均收益的高额回报率。"

A 股资本市场发展 30 年来，股民数量已经超过 1 亿人，但是股市"一赚二平七亏"的局面并没有改变。为什么股民亏损累累的局面迟迟得不到改变？要真正弄清楚并彻底解决这个问题，你首先得问问自己：在买入某只股票时，对这家公司的研究得究竟有多深？是否阅读过这家公司的财务报表？你看懂了公司的财务报表了吗？

事实上，从中长线的思维来看，股市就是一台称重机，一个公司的经营状况好坏必然能从财务报表中发现一些端倪，若你每次在下决心买一只股票之前都能仔细研究，认真分析其财务报表，对自己买入的标的都作出理性判断，则可以规避掉很多陷阱，极大地减少风险事件的发生，为你的投资多一份成功的保障。

一个有趣的现象是，2007 年 A 股市场行情大火时，我们身边遍地都是"股神"，不少卖菜大妈和门卫大爷都"牛气"得不行，可一旦熊市来临，人们才发现裸泳者居然如此之多。

说到底，投资本身就是一个技术活儿，投资者绝不能把所有希望都寄托在运气上，读懂财务报表是投资的基础，也是一把利剑。在波涛汹涌的股海中，财务报表如同黑夜里的一盏明灯，引导投资者走向成功的彼岸，实现财富增值，甚至是财务自由的目标。

如今，面对 A 股市场上数量高达 3 000 多只的股票，如果没有真才实学，不要说赚钱，就是想选好一只少亏或盈亏持平的股票，难度就比几年前大多了。说得残酷一点，如果股民不懂财报，一门心思打探所谓内幕消息，就等着亏损吧。

第三节 股东懂得财报，回报更有保障

通常情况下，股东在投资一家企业后，最关心的问题就是自己初始投入的资金是否安全，能否增值。

特别是在资本市场上，当某些公司需要筹集资金时，公司会通过定向增发引进战略投资者，此时，外部投资人要判断是否能参与定向增发，就需要对目标公司的发展现状、经营业绩及未来发展前景作出判断，财务报表作为第一手信息来源就会成为重要的判断依据。

老张："老李，现在对财报的作用应该有全新的认识了吧？"

老李："是的，之前从来没有仔细思考过这个问题。"

老张："如今社会分工越来越专业，财务知识已成为一种必备的生存技能，就像我们必须会开车一样。如果你是企业股东，不懂财务知识的话，后果将会很严重。"

老李："怎么理解？"

老张："作为股东，你需要通过财务报表来了解企业真实的运营情况，定期对公司做"体检"，然后及时作出战略决策调整！"

>> 案例：外部股东通过甲公司的财报决定是否增资

某外部股东通过查看资产负债表，就可以知道甲公司对银行的负债到底有多少，企业的资产是否与账面价值相匹配。而查看利润

表，可以清楚地看到甲公司的盈利能力和销售规模。

如果甲公司大幅盈利，那么以后年度的分红将会比较丰厚；若甲公司没有利润，则短时间内获得的回报可能比较少，甚至投入的资金短期之内回报无望。根据甲公司的资产负债表，外部股东可以作出是否增资的判断。

由此可见，股东对财务报表的关注度是非常高的，因为财务报表是正当渠道最重要的消息来源，除了极少数胆大妄为者，绝大多数公司的财务报表的准确性还是有保证的。通过对财务报表的分析，可以知道企业经营团队的经营效益和管理层对公司的贡献度。

此外，外部股东进入一家企业后，通过分析财务报表的历年股东权益的变动趋势，可以分析自己的投资是否成功。假如归属于公司的股东权益不断增加，且企业的资产负债表保持在一个稳健的水平，那么说明企业的发展稳中向好；假如发现公司资产负债表中有息负债持续增加，所有者权益还处于一个下降的趋势，那么可以从侧面反映公司管理层的经营效率未达到令人满意的程度，这时股东大会就可以问责管理层，从而及时解决问题。

在现代企业的运营模式中，一般是企业股东组成股东大会或者董事会，然后选择优秀的 CEO 负责企业的经营管理，股东一般不会直接干预企业的日常运作。简单来说，股东更加注重结果而不是过程。

那么到底如何评判企业经营活动的有效性呢？答案很简单：财务报表。比如，在某位 CEO 及团队的努力下，企业品牌影响力、市场份额、销售规模、利润增速、现金流等方面都有了明显的改善，那么就可以暂时说明公司管理层的工作是有效的。与此同时，如果以后某一年度企业经营开始做得不如人意，那么股东也可以从财务报表中及时发现问题并予以解决。

老张："老李，财务报表数据比较多，你知道最重要的是哪些吗？"

老李："应该是营业收入、毛利率和资产负债率吧？"

老张："你说的这几项确实比较重要，当然不止这几项。比如经营活动现金流净额，也值得重点关注。"

老李："可以通过这几项核心数据来了解一家公司的运营情况吗？"

老张："可以掌握其大概情况。具体看下面这张表和案例。"

>> 案例：股东通过财报了解 A 公司的运营情况

表 1-3-1　A 公司部分财务数据

	2016年	2017年	2018年	2019年
营业收入	20亿元	40亿元	80亿元	40亿元
毛利率	26%	27%	24%	12%
经营活动现金流净额	8亿元	16亿元	32亿元	-5亿元
资产负债率	30%	32%	31%	55%

从表 1-3-1 中可以看出，A 公司在 2016 年至 2018 年度公司营业收入和毛利率都保持一个稳健增长的水平，公司较高的现金流净额也证明经营效率的有效性，管理层的经营管理效果良好，股东的收益在稳步提升。

到了 2019 年，该公司的营业收入较上年突然腰斩，负债率突然变得异常高，毛利率急剧下降。作为股东，此时基本能看出问题的严重性，可以根据相关规定要求召开股东大会，寻求解决问题的方法，及时化解风险。

财务报表对股东研判公司有很好的指示作用，但必须提醒的是，财务报表也不是万能的，其中有些项目是很容易作假或者虚报的，一旦出现这种情况，财报就会给阅读者带来负面甚至相反的作用，后果极其严重。至于如何识别这些问题，本书后面的章节将会进行详细地阐述和分析。

第四节 债权人懂得财报，借款更加安全

企业在经营过程中，会经常面临资金方面的需求。此时，企业往往会选择对外筹资，包括向银行、非银行金融机构（财务公司、保险公司等）等贷款。在发行企业债券时，那些购买企业债券的单位和个人也会成为债权人。

老张：“前面我说老板、股民、股东等几类人群都得懂财报，其实，这个分类比较简单。如果要再细分，必懂的群体还可以扩展，比如债权人。”

老李：“确实如此。我有个朋友，经人撮合，借了 30 万元给一家企业老板应急，对方承诺给予高息。借之前，这位朋友看不懂企业的财报信息，结果钱借出去不到半年，企业出了问题，他后悔莫及。”

老张：“所以，债权人也必须要懂得财务知识，不可对企业财报等闲视之。”

老李：“说到债权，我觉得有很多需要学习的地方。”

按照还款期限的不同，债权人可以分为长期债权人和短期债权人。短期债权人的借款期限在一年内或者一个经营周期内（从现金流出到销售回款的过程），因此他们特别关注企业短期偿债的能力；长期债权人的借款期限在一年以上或者长于一个经营周期，他们更关注的是企业是否具备连续支付利息和到期偿还本金的能力。

很显然，不同的利益主体，对企业的关注点会有所不同。比如，投资者十分关注企业的盈利能力，债权人则时刻警惕企业的偿债能力是否恶化。所以，

债权人总是关注企业有多少资产可以作为偿还债务的保证，特别是企业的快速变现资产有多少。

公司债权人主要关注的指标包括流动比率、速动比率、现金比率、资产负债率等关于资产负债表的比率。通常来说，流动比率应该在 2 ∶ 1 左右，速动比率和现金比率较之流动比率数值一般来说要偏低一点儿，但是若相差很大则需要谨慎对待。如果速动比率和现金比率比较低，企业的短期借款到期很有可能使得债务企业出现资金链紧张，甚至断裂的风险。在这种情况下，债权人的利益在保障系数上显然会比较低。

当然，我们在对财务报表进行分析时需要综合考虑，不仅要看到数字，还要分析数字背后深层的意义。比率的分析一定要结合公司所处的行业状况。比如，某公司所处行业是房地产行业，此类行业普遍负债率非常高，那么采用一般标准去评判公司的债权偿付问题就存在失真的问题。此时，就更应该考量公司从银行获得的资金难易程度，同时对现金流问题也要考虑。

此外，企业的盈利能力有时也会影响债权人的态度，这是因为企业的经营效益是企业偿债能力的基础，假如企业一时财务状况不佳，债务偿还能力不强，但公司经营效益比较好，那么也可以使债权人改变态度，甚至对企业进行债务融资。

第五节 创业者懂得财报，发展更加健康

最近几年，随着“双创”热潮席卷大江南北，创业成为一种趋势。尤其是在不少创业成功人士的感染下，不但之前规规矩矩上班的打工族，就连刚毕业或尚未毕业的大学生都加入了创业大军。但创业要想取得成功，并非易事。如果把范围扩大来看，全国每天开张或关门的创业公司数量不计其数。创业就像

进行十项全能比赛，对领导者的智力、情商、技术、管理能力、财务知识等方面都是一个严重考验。

试想，一个人或几个小伙伴一开始可能并没有想太多，仅凭着热情把公司做起来再说。当公司规模小时，财务不规范可能没什么关系，但随着规模变大，创业者不懂财务报表，带来的后果就可能是致命的。一个比较普遍的现象是，很多公司做到一定规模了，管理者依然不学习、不重视财报，他们的心思主要在如何把产品做好并以好的价格卖出去，产生的效益是明显的，而财务管理却无法达到优秀。

老张：“其实，还有一个人数庞大的群体，也就是大量的创业者也必须懂得财报。”

老李：“现在创业风潮吹遍大江南北，我邻居家孩子 2019 年大学毕业后，满怀激情地和同学合伙开公司，财务方面出了问题，不到一年，公司垮掉了。”

老张：“是的，很多创业者并不重视财务管理，所有心思都在销售上面，这种做法很危险。”

老李：“倒也好理解，财务管理不像卖产品，能立即产生看得见、摸得着的利润。”

老张：“很多关键问题往往不会浮于表面，而是隐藏在一些很难被发现的地方，创业者如果不懂或不重视财报，出了问题再来想办法就来不及了。”

事实上，稍具规模的创业公司，需要一个团队来执行各个环节，在人员技术设备等配备方面，涉及研发、市场、财务、营销、人力等，任何一项资源的采购和消耗，都与成本和利润有关，如果创业者对财务一窍不通，相当于两眼一抹黑，外面看着热闹，其实是把企业的经济命脉交给了别人。别的不说，财务人员只要稍微做点手脚，蒙蔽你不懂，损失就可能比较惨重。

<u>一个很有意思的现象：地摊老板很少亏损其原因是，他们能够清楚地知道</u>

每天的营业收入、利润以及剩余存货价值，然后据此决定明天的经营策略。作为创业者，要想取得成功，除了有坚定的必胜信念、强大的决断能力和管理能力，更要有掌握和分析数字的能力。

一位风险投资家说，我绝对不会将资金提供给一位不懂财务报表分析、不懂各项经营数字的创业者，这等于将方向盘交给一位眼睛看不见路的人，风险太大了！

由此可见，对创业者来说，看懂财务报表不但有助于其全面掌握公司的健康情况，判断有无隐患，及时切除病变部分，还可以砍掉不必要的成本，将有限的钱用在刀刃上，更好地吸引外部投资者，从而将企业做大做强。更重要的是，学会财务知识，有利于培养创业者严谨认真的职业习惯，丰富自己的知识体系，从而为未来取得更好的发展打下坚实的基础。

02

第二章 看似复杂的资产负债表并不复杂

在进行股票投资时，技术分析占据重要的地位，大部分散户把技术分析当成定海神针，以为懂了技术指标就可以遨游股海，但实际情况并非如此，亏损累累者大有人在。在 A 股市场上，无论是监管者，还是尊崇基本面研究的价值派，都在倡导进行长期价值投资，但真正践行的人并不多。抛开兴趣原因，价值投资的第一关就让人望而生畏——财务报表似乎太难懂！

为什么很多人想学财务报表却学不会？其中很大一部分原因在于，人们觉得财务报表的科目过于烦琐，数据密密麻麻，种类繁多，解释复杂，一看就让人头昏脑涨，各个项目之间的相互关系更让人琢磨不透。

>> 案例：通过老王公司的运营流程看资产负债表的由来

老王是20世纪改革开放下海潮中的首批成员。改革开放初期，老王选择了大众都要消费的食品行业作为他施展宏图的第一站，由于他孤身一人闯天下，资金就成为首先要解决的问题。在当时的情况下，他采取了向朋友和银行借款的方式筹集到了原始本金，这也就是资产项目中有息负债那一栏。

最原始的资本金到位后，首先就得用它来购置房屋和机器设备等用于生产的基本物资，即通常所说的固定资产。当一切购置妥当后就开始着手生产，老王需要把基本物资加工成成品，对于购买的原材料老王可以通过赊欠的方式获得，即我们所说的应付账款（老王欠卖给他货物的人的钱）。

生产物资生产成产品后，老王就开始向外销售，能直接拿到的钱称为营业收入，拿不到钱的或者以后才给的部分，叫应收账款。如果产生交易关系的两家公司信誉好，就可以通过票据结算。当生产的产品还没有卖出或者还有原材料没有加工完，就把它当作存货管理。

当生意开张，并且经营得红红火火后，老王口袋里一下子有了很多的现金，他想将这些钱用来扩大生产，于是又租了地和购买设备准备大干一场。这时，资产负债表中就多了在建工程。扩大生产过后老王手里还有余钱，不知道该怎么用，这时他的朋友老张出现了。

老王入股了老张的公司，一起经营。这时，长期股权投资等投资类项目就产生了。老王的生意还在持续扩大，企业品牌影响力形成了，别人要买他的产品，必须要先收钱再给货，这时预收款项就形成了。为了提高资金的利用率，老王有时候会和供货商商量货款延后支付，这时应付账款也就形成了。

第一节 揭秘流动资产

一次，我和一个老股民聊天，对方对自己的技术很有信心。我问他最近 10 年的回报率是多少？他自豪地说："我可没亏呢，赚了 3%！"我不禁哑然失笑。的确，在大盘表现不佳的情况下，不亏损就是大多数投资者最大的愿望，如果还能赚点小钱，就更是谢天谢地了。不过，将时间拉长来看，如果投资者能读懂财务报表，选到成长性好、分红不错的公司，那么年回报 5% 以上并不是难事。而读懂财务报表，第一步得会看资产负债表。

老李："老张，我最近股票亏惨了，感觉技术图形很多时候会失效，现在打算转向基本面研究，该从哪里学起？"

老张："很多人觉得基本面研究最难的是财务报表分析，其实并没有想象的那么难。我们可以先来了解几大报表之一的资产负债表。"

老李："先从哪个部分开始学习呢？"

老张："可以从最基础但非常重要的部分开始。首先，熟悉资产负债表的整体构成。其次，详细了解各个项目的具体意义。最后，把学到的知识用于指导实战。"

老李："由浅入深，最终目的是指导操作。"

老张："对。下面先了解资产负债表的概念和科目。"

资产负债表又称为财务状况表，是企业在某一特定日期的财务状况的主要会计报表。这些财务状况主要包括资产、负债和所有者权益。资产主要包括流动资产和非流动资产。

下面以上市公司的资产负债表中的流动资产具体项目进行分析。

表 2-1-1 介绍了企业流动资产的所有项目。流动资产是指企业可以准备在一年内或者超过一年的一个营业周期内转换为货币，或被销售或耗用的资产，这些资产在短时间内能快速变现，具有短期偿付的能力。

表 2-1-1　资产负债表中的流动资产科目表

合并资产负债表			
项目	附注七	期末余额	期初余额
流动资产：			
货币资金			
结算备付金			
拆出资金			
以公允价值计量且其变动计入当期损益的金融资产			
衍生金融资产			
应收票据			
应收账款			
预付款项			
应收保费			
应收分保账款			
应收分保合同准备金			
应收利息			
应收股利			
其他应收款			
买入返售金融资产			
存货			
划分为持有待售的资产			
一年内到期的非流动资产			
其他流动资产			
流动资产合计			

流动资产项目繁多，按照流动资产变现能力的强弱划分，依次为货币资金、交易性金融资产、应收票据、应收账款、预付款项、其他应收款、存货等。流动资产科目很多，因此我们主要分析流动资产中极具代表性的科目，抓住重点并进行深入研究，更有实战意义。

老李：“上市公司流动资产项目的排序很多时候都是一致的，那么根据什么来排序呢？”

老张：“资产负债表的项目排序是根据资产的变现能力进行的。”

老李：“那么，如何找到学习的突破口？”

老张：“可以先从资产变现性最好的货币资金项目开始分析。”

老李：“货币资金不就是钱吗？这有什么可分析的？难道账面上有多少钱

还可以造假不成？”

老张：“其实，货币资金这个项目可没有你想的那么简单。因为货币资金包含的形式比较多，比如库存现金、银行汇票等，这些钱都有一个特点，即必须可以随时动用。”

一、货币资金

货币资金是指企业在生产经营过程中停留于货币形态的资金，具有立即支付并被普遍接受的特性，其中包括企业的库存现金、银行结算户存款、外埠存款、银行汇票、本票存款、信用证存款等。简单来说，货币资金就是实实在在的现金，可以随取随用。表 2-1-2 为某公司货币资金的具体构成。

表 2-1-2 某公司货币资金的具体构成

单位：元 币种：人民币

项 目	期末余额	期初余额
库存现金		
银行存款	2 510 321 779.20	2 563 616 449.35
其他货币资金	283 801 220.64	32 660 894.97
合 计	2 794 122 999.84	2 596 277 344.32
其中：存放在境外的款项总额	5 699 027 63	5 575 915.46

其他说明：

（1）年末其他货币资金明细：

项 目	年末余额	年初余额
支付宝第三方平台存款	20 964 243.64	32 660 894.97
保函保证金存款	262 836 977.00	
合 计	283 801 220.64	32 660 894.97

（2）年末所有权受到限制的货币资金明细：

项 目	年末余额	年初余额
质押存款	1 436 376 348.64	1 278 000 000.00
保函保证金存款	262 836 977.00	
合 计	1 699 213 325.64	1 278 000 000.00

通过对上述财务报表附注的数据和分类进行研究分析，我们在对货币资金分析时应注意以下几个要点：

❶ 企业货币资金的存在形式和自由性

企业货币资金金额代表了报告期企业的货币资金拥有量，由于其形态的特殊性，货币资金一般不存在估价问题，其价值永远等于货币的一般购买力。但是由于某些原因被指定了特殊用途的资金除外，至于资金是否受限，可以通过查看报表附注得出。

从表 2-1-2 中可以看出，有些货币资金项目因为某些原因被指定了特殊用途。例如，已经质押的存款、规定了具体投资方向的募集资金项目、涉及某些诉讼被冻结的资金。这些货币资金因不能随意支用而不能充当企业真正的支付手段，在分析中一定要注意考察公司货币资金是否被冻结或者质押，因为这会在很大程度上影响企业的经营状况。所谓自由度分析，即分析受限制的资金占有多少比例，可以深层次地评判资金的自由性。

❷ 企业货币受汇率变动的影响大不大

对大部分出口企业或者在国外有业务的企业来说，企业对汇兑损失是非常看重的，因为这些公司账面上的资金有一部分是以外汇形式存储的，若遇到有业务的所在国外汇波动剧烈，则有可能会产生很严重的损失。比如，存放在境外的款项总额或者以外币形式存在的款项。恰好遇到所在国的货币大幅贬值，会对公司造成大幅损失，而以外汇存在的资金数量也可以在财务报表附注中找到。

❸ 企业货币资金的规模是否合理

一个企业正常的经营需要一定的现金储备。从公司的自身情况来说，一个企业若没有足够的流动资金铺底，将会严重影响公司的正常运转，但是资金过多或者过少本身都是一柄双刃剑，资金过多也会影响公司的资金利用效率，并且降低其投资回报率。

判断货币资金存量规模是否恰当需要进行分类分析。一般来说，资产规模越大，企业留存的现金规模也越大；不同行业货币资金规模差距很大，企业的行业特点也制约着货币的资金规模。例如，对重工业企业来说，回款周期长，企业的货币资金存量就不会很多，很可能会换作另外形式来表现（如应收账款等）；对零售行业来说，客户面临的是市场终端，那么账面会有大量的留存资金。

对货币资金的调度问题能说明公司管理层的资产配置能力。如果企业一味地追求资金的充裕度，反而会严重影响企业的投资回报，将丧失很多资产保值增值的机会。若公司管理层资产配置手段应用得当，则企业的获利能力会极大地提高。

老张："前面讲解了货币资金项目的分析要点，现在来说说应收款项。"

老李："应收款项不难理解吧？"

老张："应收款项是综合项目，在资产负债表中占据重要位置。"

老李："综合项目是什么意思？"

老张："就是不像字面意思那样简单。应收款项主要包括应收票据和应收账款，这两个项目具有相似性，但结算方式有所不同，导致了两者变现有所不同。"

二、应收款项要点剖析

应收款项主要包括应收票据和应收账款，还包括应收股利、应收利息、其他应收款等。应收票据是指企业因赊销产品、提供劳务等在采用商业汇票结算方式下收到的商业汇票而形成的债权。应收账款是指企业因赊销商品、材料和提供劳务而形成的商业债券，向购货单位或劳务接收单位收取。

分析应收款项应着重从以下几个方面来判断：

❶ 应收票据的变现性要好于应收账款

前者可以通过背书的形式抵押给银行获得现金，分析应收票据主要是观察已经贴现给银行的那部分所占的比例，如果比例很高则很可能说明企业在现金周转上遇到一些困难。某公司应收票据如表 2-1-3 所示。

表 2-1-3 某公司应收票据

（1）应收票据分类列示

√适用 □不适用

单位：元 币种：人民币

项目	期末余额	期初余额
银行承兑票据	6 671 727 835.68	6 135 307 137.50
商业承兑票据	1 913 075 512.64	2 363 250 614.12
合计	8 584 803 348.32	8 498 557 751.62

（2）期末公司已质押的应收票据

□适用 √不适用

（3）期末公司已背书或贴现且在资产负债表日尚未到期的应收票据：

√适用 □不适用

单位：元 币种：人民币

项目	期末终止确认金额	期末未终止确认金额
银行承兑票据	645 459 487.53	
合计	645 459 487.53	

（4）期末公司因出票人未履约而将其转应收账款的票据

√适用 □不适用

单位：元 币种：人民币

项目	期末转应收账款金额
商业承兑票据	374 733.45
合计	374 733.45

应收票据的附注详细说明了其构成和质押的情况，看质押比例，看违约数量，看贴现数量就可以很清晰地说明问题。

从表 2-1-3 中可以看到，该公司应收票据分为银行承兑票据和商业承兑票据，且银行承兑票据金额占比接近 80%。从贴现的情况来看，公司贴现金额为 6.5 亿元左右，相比应收票据总额（85.8 亿元）来说微不足道，从侧面也可以说明公司的流动性比较好。否则，公司将会出现大量的票据贴现情况。

❷ 应收账款是判断公司经营好坏的一个重要指标

着重点在于分析应收账款规模增长是否恰当，当一家公司的营业收入增长率与应收账款增长率相比差距很大时就应该引起重视，需要深入分析其形成的根本原因。如果属于同向匀称的增长，则说明公司的经营情况良好。

❸ 对应收账款进行账龄分析以及坏账计提

表 2-1-4 展示了某公司应收账款不同分类的科目表，该表主要将应收账款分为三大类。即“单项金额重大并单独计提坏账准备的应收账款”“按信用风险特征组合计提坏账准备的应收账款”和“单项金额不重大但单独计提坏账准备的应收账款”。

首先需要关注的是坏账准备计提比例，一般情况下需要与同行业其他公司进行比较，看公司的应收账款计提比例是否得当，从本例来看，公司应收账款计提比例为 5.18%，处于合理范围内。然后应该关注期末余额与期初余额的应收账款变动情况，如果增减情况与营业收入等科目变动表现出很强的相关性，就可以在一定程度上说明变动的合理性。

鉴于行业特点不同，不同的行业回款周期是不同的，像重资本行业（如航空电子、船舶等）账面上往往有规模非常大的应收账款，因为这种行业回款周期普遍偏长，本身是没有太大问题的。

这时，我们往往更偏重于坏账计提以及账龄结构的组成。通常来说，账龄短、坏账计提比例小是一个比较积极的信号。但是，由于资产负债表列示的是应收账款净额，所以要特别关注企业坏账计提的合理性。当出现大规模的减值损失现象时，就应该深究其中的原因。一般可能的原因有诉讼、债务人发生严重财务困难、企业倒闭等。

❹ 对投资者来说还涉及资产价值的问题

对投资者来说，估值也是一个无法避开的问题，市净率这个指标就是估值的一个参考标杆，涉及具体运用我们可以采用更加谨慎的方法——通过对资产价值寻找一个折扣来进行更加合理化的估值。实战中，我们往往对应收票据、应收账款做 70% 的折价处理来寻找安全边际。

表 2-1-4 应收账款具体科目构成表

单位：元 币种：人民币

类别	期末余额					期初余额				
	账面余额		坏账准备		账面价值	账面余额		坏账准备		账面价值
	金额	比例（%）	金额	计提比例（%）		金额	比例（%）	金额	计提比例（%）	
单项金额重大并单独计提坏账准备的应收账款										
按信用风险特征组合计提坏账准备的应收账款	2 476 410 926.20	99.87	128 222 819.05	5.18	2 348 188 107.15	2 460 753 148.36	99.87	133 405 405.08	5.42	2 327 347 743.28
单项金额不重大但单独计提坏账准备的应收账款	3 268 097.94	0.13	3 268 097.94	100.00	—	3 223 390.46	0.13	3 223 390.46	100.00	—
合计	2 479 679 024.14	—	131 490 916.99	—	2 348 188 107.15	2 463 976 538.82	—	136 628 795.54	—	2 327 347 743.28

三、存货分析

存货是指企业在正常生产经营过程中，持有的以备出售的产品或商品，或者是仍然处在生产过程中的在产品，或者是将在生产过程中或提供劳务过程中耗用的材料、物料等。

关于存货，应该关注以下几个方面：

（1）存货的增速往往和营收增速是一致的，如果存货的增速远远大于营业收入增速，则有可能是企业出了问题：产品积压卖不出去导致库存产品虚高；产品已经卖出去了但不核销存货导致虚高。遇此情况，保守一点儿的做法是对存货的价值进行折价处理后再做估值，比如折价率为 50%。

（2）通过对存货的期末计价和存货跌价准备计提的分析：要特别关注企业是否存在利用存货项目进行潜亏挂账的问题。一些企业利用存货项目种类繁杂、金额庞大、重置频繁、计价方法多样、审计难度大等问题进行操作。

看存货的组成结构用于判断企业的发展情况，若存货组成中库存商品占比非常大，而原材料占比很小，就应该引起存货虚高或者库存积压的担忧。反之，若存货原材料居高，而库存商品在一个合理的水平，再结合整个行业的市场容量，则可以适当判断出公司产品是否出现紧俏。

（3）存货是否存在担保、抵押的情况。通过财报附注就可以查阅到相关资料，像这样的情况一般发生的可能性很小。不过，一旦发生这种情况，就必须引起重视，因为这意味着公司现金流可能出了问题。

表 2-1-5 所示为某上市公司财务报表中存货的详细解析，通过查阅财务报表附注，可以看到公司存货的组成结构以及计提比例。通过研究数据可以发现，公司存货中的库存商品占据很大比重，对此应予以警惕，公司的存货有虚高嫌疑。不过，查看计提比例，可以发现计提比例并没有太异常的表现，通常这是一个比较好的现象。

表 2-1-5 某公司存货主要科目表

7. 存货

（1）存货分类

√适用 □不适用

单位：元 币种：人民币

项目	期末余额			期初余额		
	账面余额	跌价准备	账面价值	账面余额	跌价准备	账面价值
原材料	977 854 77.61	1 246 000.72	976 608 771.89	1 374 163 333.43	1 940 870.45	1 372 222 462.98
库存商品	2 294 315 143.72	39 878 329.07	2 254 436 814.65	2 420 164 268.70	53 454 907.03	2 366 709 361.67
合计	3 272 169 916.33	41 124 329.79	3 231 045 586.54	3 794 327 602.13	55 395 777.48	3 738 931 824.65

（2）存货跌价准备

√适用 □不适用

单位：元 币种：人民币

项目	期初余额	本期增加金额		本期减少金额		期末余额
		计提	其他	转回或转销	其他	
原材料	1 940 870.45	2 194 445.86		2 889 315.59		1 246 000.72
库存商品	53 454 907.03	62 784 386.87		79 360 964.83		39 878 329.07
合计	55 395 777.48	64 978 832.73		79 250 280.42		41 124 329.79

四、其他项目

其他应收款是指企业除应收票据、应收账款、应收股利、应收利息和预付款项外的各种应收、暂付款项。

其他应收款不属于主要的资产项目，其金额绝对不宜过大，最好是几乎没有，数额过大肯定是不正常的现象，对此项目需要特别警惕。在很多情况下，该项目容易和财务造假挂钩扯上关系，因此要预防企业利用该项目粉饰利润、大股东出逃或无偿占用资金以及转移销售收入，其中任何一种情况发生，对投资者来说，都不是好消息，甚至带来巨额亏损。

一般而言，其他流动资产项目大多是因为公司购买理财产品规模增加，若理财资金非常大则预示着公司的现金资产很多，企业现金流非常充裕。不过，辩证地来看，理财产品规模过大，也制约公司的长期发展，毕竟企业留存那么多的资金用于购买理财产品，至少说明公司没有好的投资项目进行开发，企业也就缺少新的利润增长点。

其他的流动资产项目种类繁多，对不同的行业应该具体情况、具体分析，总的原则就是占比小，资产绝对值数额不宜太大。

第二节 非流动资产应该如何分析

我的一个亲戚，自己开了一个小制衣厂，因为他文化水平不高，对企业管理基本沿袭过去那种人管人、凡事亲力亲为的传统模式。由于专业财务知识基本为零，所以他在和一些大客户交流时，感觉很吃力，别人说的一些财务术语，他根本听不懂。因为他思想陈旧，一些挑剔的客户干脆放弃和他合作了。一次，他心急火燎地打电话来，说一个客户问他厂里的非流动资产价值多少，他彻底蒙了，于是赶紧向我求助。其实，要搞懂这个概念并不难。

老李："老张，既然有流动资产，那么肯定有非流动资产吧？"

老张："是的。非流动资产是与流动资产相对而言的。"

老李："一般非流动资产包含哪些项目？"

老张："项目比较多。比如可供出售的金融资产、长期应收款、工程物资、固定资产、在建工程、商誉等。"

老李："好专业，能否说得通俗一点。"

老张："简单说，不能拿出来直接进行流动的资产就是非流动资产。通过分析非流动资产与流动资产占公司资产的比例可以了解公司的一些运营情况。"

非流动资产，是相对于流动资产而言的，主要包括持有可供出售金融资产、持有至到期投资、长期应收款、长期股权投资、工程物资、投资型房地产、固定资产、在建工程、无形资产、商誉等项目。

相对于流动资产而言，非流动资产更多地代表基础结构。有了非流动资产，企业才有生产的空间及基础，非流动资产一般具有资金占用过多、周转速度偏慢、变现能力较差等特点。

表 2-2-1 非流动资产科目表

项目	附注七	期末余额	期初余额
非流动资产：			
发放贷款和垫款			
可供出售金融资产			
持有至到期投资			
长期应收款			
长期股权投资			
投资性房地产			
固定资产			
在建工程			
工程物资			
固定资产清理			
生产性生物资产			
油气资产			
无形资产			
开发支出			
商誉			
长期待摊费用			
递延所得税资产			
其他非流动资产			
非流动资产合计			
资产总计			

下面选择其中最具代表性的项目重点分析。

一、可供出售金融资产

可供出售金融资产通常是指企业没有划分为交易性金融资产、持有至到期投资、贷款和应收款项的金融资产。

例如，企业购买的活跃市场有报价的股票、贷款和基金等。通常，有正常主营业务的公司，可供出售金融资产数额都不会太大，若太大则可从侧面看出公司没有把主要心思放在主营业务发展上。

此外，分析该项目时必须关注其分类是否合理，确认其是否符合相应的标准，会计处理是否正确。

按照会计准则规定，资产一旦划定为交易性金融资产就不能再重新分类成其他类别的金融资产。从这一方面来说，企业有可能出于粉饰业绩的目的，将投资风险较小的金融资产划分为交易性金融资产，把公允价值变动收益直接确认为当期损益，这样就可以间接地夸大利润。

其实可供出售金融资产在大型优质企业出现的频率比较低，而在很多规模较小的公司以及利润波动起伏很大的公司，出现的频率要大一些，因为可能涉及利润调整的问题，应予以关注。

二、持有至到期投资质量分析

持有至到期投资是指到期日固定，回收金额固定或可确定，且企业有明确意图和能力持有至到期的非衍生金融资产，包括在活跃市场上有公开报价的国债、企业债券以及金融债券等。

根据其项目构成及其债务人构成分析持有至到期投资的变现性：对持有至到期投资而言，虽然投资者按照约定将定期收取利息，到期收回本金，但是债务人能否定期支付利息以及债务人在偿还的时点是否有足够的资金等情况，都应引起重视。因此有必要对其项目构成及其债务人构成进行分析，并对其偿债能力作出进一步判断。

这类资产项目在金融行业中，金额普遍比较大。比如，保险行业，其主要投资途径就是债券等，翻看保险公司的资产负债表，你会发现其持有至到期投资金额占不小的份额。一般来说，除去金融行业公司，这类资产占比非常小，可以不用花太多精力去关注。

三、长期股权投资

长期股权投资是企业持有的，对其子公司、合营企业及联营企业的权益性投资，企业持有的对被投资单位不具有控制、共同控制或重大影响，并且在活跃市场中没有报价，不可计量的权益性投资。

老张：“老李，你对长期股权投资了解吗？”

老李：“是不是指一家公司通过投资取得被投资单位的股份，以达到对被投资单位施加重大影响，与被投资单位建立密切关系的目的？”

老张：“可以这么理解。根据对被投资单位的控制力强弱，可分为多种控制类型，务必需要注意。”

老李：“具体是哪几种？”

老张：“一共有4种：控制、共同控制、重大影响和无控制。”

老李：“不同的控制类型，对于投资单位来说，带来的影响应该差别很大吧？

老张：“是的。”

长期股权投资的盈利性分析主要针对其投资方向的盈利情况。在考察投资方向时，应该侧重考察被投资方与公司业务的契合程度以及是否具备核心竞争力。还有比较重要的一点，是长期股权投资在一个会计年度内的重大变化对盈利的影响。所谓重大变化，无外乎就是收回、转让某些长期股权导致投资减少或者因为出售股权导致某一年度的利润骤增，或者增加长期股权投资，等等。对于每一次科目的重大变化，我们都应该详细分析其对企业带来的影响及程度，这样才能更好地把握企业的发展方向。

值得一提的是，在对长期股权投资进行分析时，还要注意投资的是什么公司以及投资的目的：有的投资是为了和上下游公司建立和维持稳定的业务关系，有的是并购增加市场占有率和提升品牌知名度，有的是实行全国扩张战略到各地设立分公司。因此，对此类投资需要进行分类解析，不可一概而论是好还是不好。

长期股权投资中最有争议的是并购，公司进行大规模并购各有利弊，并购的核心在于收购价格，是否是超高溢价很关键，如果一家公司以10倍及以上的价格进行收购，则对这类现象一定要警惕。当然，并购后能否将不同公司的业务、资产和资源进行有效整合也是至关重要的一环，如果整合顺利，那么带给公司的经济回报可能是极为惊人的。

四、固定资产和在建工程质量分析

固定资产是指为生产商品、提供劳务、出租或经营管理而持有的，使用寿命超过一个会计年度的有形资产。在建工程则是企业进行的与固定资产有关的各项工程，包括固定资产新建工程、改扩建工程、大修工程等。

如何对固定资产规模进行科学分析？这是很多价值投资者比较看重，但又不明就里的一个项目。

通常，固定资产的投资规模与企业的整体经营水平、发展战略以及行业特点相适应，同时与企业的流动资产规模保持一定的比例关系，如果盲目购置新设备，进而盲目扩大生产规模可能会造成资源的低效利用甚至浪费。

固定资产规模分析首先应该关注房屋建筑、机器设备等占比较大的科目，如果某一年度出现绝对值数额增幅较大的情况，则很有可能是公司为扩大生产能力所做的准备，因此可以通过以后年度营业收入的增长来验证。

有股民朋友曾问过我这样一个问题，就是如何分析固定资产原值的年内变化情况。应该说，对此问题很多人都不太关注。所谓固定资产原值变化，就是可以在一定程度上反映企业固定资产的质量变化，通过固定资产累计折旧能够判断机器设备的折旧情况，可以预测未来企业的资本支出情况以及公司经营设备的良好运作情况。

其实，固定资产与在建资产相互验证，也可以判断企业的发展情况。在企业的发展过程中，在建工程的大规模增加通常是企业未来的利润增长点所在，而对在建工程的具体项目进行研判是至关重要的，比如有的是改扩建工程，有的是新的生产线项目。那么，如何验证在建项目的进度呢？这就需要通过固定资产的增长规模来体现。

如表 2-2-2 所示，该公司经营食品饮料，公司的在建工程项目全部与主营业务相关，这预示着公司未来的营收增长点就来源于这些工程。同时，可以看到公司的固定资产实际投入的资金按部就班，公司的工程进度（即累计投入占预算资金的比例）决定了在未来某一年很可能会有业绩爆发，这也是投资的一个要点。

此外，在建工程的资金来源也非常重要，如果资金来源是自筹，那么至少说明目前公司的经营状况稳定，因为如果经营情况不佳，是不会进行大规模投资的。相反，若投资资金是通过非公开增发等方式在资本市场上筹集，那么关注点就会更多，最重要的项目进度有没有达到预期，项目的盈利有没有达到预期，等等。

在观察固定资产指标时，其规模和结构变化对企业效益及质量的影响不容忽视。固定资产一般是由于业务需要而购置，所以固定资产的规模和结构的变化与存货的规模和结构变化相关，并且与市场需求密切相关。

通过固定资产的规模和存货规模之间的对应关系，我们可以在一定程度上考察企业固定资产的利用情况。存货不在于存多少，而在于周转多少。但是存货的周转只是一种表现形式而不是目的。企业经营的目的是获取利润，因此还是要观察企业的效益情况。

表 2-2-2　重要在建工程项目变动表

（2）重要在建工程项目本期变动情况

√适用　□不适用

单位：元　币种：人民币

项目名称	预算数	期初余额	本期增加金额	本期转入固定资产金额	本期其他减少金额	期末余额	工程进度	利息资本化累计金额	其中：本期利息资本化金额	本期利息资本化率（%）	资金来源
液态奶项目	4 815 074 123.97	444 025 204.52	1 476 269 868.77	1 250 314 570.41	1 241 030.35	668 739 472.53	43.12%				自有资金
奶粉项目	510 586 263.48	65 826 876.91	222 651 149.83	21 273 571.27		267 204 455.47	56.50%				自有资金
冷饮项目	318 163 861.83	12 549 651.69	168 710 400.10	135 445 762.93		45 814 288.86	57.02%				自有资金
酸奶项目	2 166 916 076.66	46 797 948.11	412 163 292.88	195 166 270.12		263 794 970.87	21.80%				自有资金
其他	417 265 202.72	208 310 546.35	90 765 710.05	59 254 200.76	141 778 430.80	98 043 624.84	71.68%				自有资金
合计	8 228 005 346.66	777 510 227.58	2 370 560 421.63	1 661 454 375.49	143 019 461.15	1 343 596 812.57	—				—

五、无形资产和商誉分析

❶ 无形资产

无形资产是指企业拥有或者控制的没有实物形态的可辨认非货币性资产，包括专利权、非专利技术、商标权、著作权、特许经营权等。由于商誉属于不可辨认资产，所以其不属于无形资产。但是企业在并购过程中产生的外购商誉仍满足资产确认条件，应当将其确认为企业的一项资产。

表 2-2-3 列示了某上市公司无形资产的具体项目构成，其中土地使用权占据了很大比重。通过对上述科目的具体分析，以下要点值得注意：

表 2-2-3　某公司无形资产情况

25. 无形资产

（1）无形资产情况

□适用　□不适用

单位：元　币种：人民币

项目	土地使用权	专利权	非专利技术	软件	商标权	合计
一、账面原值						
1. 期初余额	38 071 755.02	18 740 954.86	33 556 007.31	60 802 986.87	9 000.00	151 180 704.06
2. 本期增加		202 911.00		2 286 488.34		2 489 399.34

（1）无形资产和开发支出列示的是企业外购的无形资产和已经成功的开发支出。与无形资产自创有密切关系的研究支出和开发支出的不确定部分已经作为会计期间的费用进行处理，若当期没有处理，则会列作费用在以后年度进行摊销。

（2）游离于表外的无形资产。当一家企业发展历史悠久并且重视研究和研发时，就有可能存在多项已经成功且能为企业的发展作出贡献的无形资产，这些无形资产并没有在报表中显示，投资者可以通过公司的品牌影响力作出一个大致的判断。

（3）无形资产的盈利性分析。无形资产如同一双看不见的手，给企业的生存和发展带来巨大的影响。相对于无形资产的内在价值，其账面价值往往是象征性的，因为有些无形资产的价值已经远远超过了其本身的内在价值。不同项目的无形资产的属性相差悬殊，其盈利性也各不相同，不可一概而论。一般来说，专利权、商标权、著作权、土地使用权、特许经营权等无形资产有明确的法律保护时间，盈利性相对比较容易判断，而对于专有技术等则不好判断。

（4）无形资产分析中占比最大的要属土地使用权，很少有企业把无形资产的项目金额弄得虚高。无形资产本身没有价值可言，需要配合企业各年度的研发支出一起来综合判断，因为注重技术的企业每年会投入大量的资金在研发方面，费用基本上在当期化作成本、费用等形式体现，很少资本化。

❷ 商誉分析

根据我国企业会计准则的规定，商誉是企业合并成本大于合并取得被购买方各项可辨认资产、负债公允价值份额的差额，其存在无法与企业自身分离，不具有可辨认性，不属于无形资产范畴。只有对非同一控制下的企业合并才涉及商誉的会计处理。

表 2-2-4 所示为某上市公司商誉的具体构成，从该表中可以看到，公司收购的北京匡时国际拍卖有限公司增加商誉达到惊人的 17.25 亿元，如此巨额商誉是令人担忧的。一旦收购科目盈利没有达到收购前的期望，商誉的减值就会对公司利润造成巨大的影响。因此，通常来说，对包含大规模商誉的企业一定要保持足够的警惕。

表 2-2-4　某上市公司商誉构成

27. 商誉

（1）商誉账面原值

√适用　□不适用

单位：元　币种：人民币

被投资单位名称或形成商誉的事项	期初余额	本期增加		本期减少		期末余额
		企业合并形成的	其他	处置	外币报表折算差额	
万威国际有限公司	54 119 775.09				3 545 465.96	50 574 309.13

续表

被投资单位名称或形成商誉的事项	期初余额	本期增加		本期减少		期末余额
		企业合并形成的	其他	处置	外币报表折算差额	
天下支付科技有限公司	30 600 185.62					30 600 185.62
北京国时国际拍卖有限公司		1 725 626 107.62				1 725 626 107.6
合计	84 719 960.71	1 725 626 107.62			3 545 465.96	1 806 800 602.37

（2）商誉减值准备

√适用 □不适用

单位：元　币种：人民币

被投资单位名称或形成商誉的事项	期初余额	本期增加		本期减少		期末余额
		计提		处置		
万威国际有限公司		19 220 495.08				19 220 495.08
合计		19 220 495.08				19 220 495.08

企业会计准则规定，商誉至少应当在每年年度终了进行减值测试，对已发生减值的商誉要计提减值准备。但商誉的减值损失一旦确认，在以后各期均不转回。

对商誉的分析在资产负债表中是非常重要的一环，商誉的产生来源于并购，并购的发生又来源于公司战略的执行。

其中较为关键的一步，就是对商誉的数额进行判断，资产占比到底有多少。若商誉占总资产的比例非常大，则一定要深入分析公司战略的合理性，很多时候不合理或者高溢价的并购是公司走向衰退的催化剂和转折点。

在资本市场上，高溢价的收购案很多时候都不被接受，就是因为人们担心这种收购发生后，企业的资金链是否能够承受，并购后的整合是否有效，等等。特别是在资本市场走熊时，在整个市场的货币供应量都偏紧的情况下，如果商誉出现明显减值，则将会严重拖累公司业绩。与此同时，大规模的并购还会引起投资者关注，甚至监管机构的问询，最后导致监管趋严等。

第三节　负债的指导作用

在现实生活中，我们经常听到某个人拥有多少资产，多少负债。其实，企业也一样，都有资产和负债科目，只不过要比日常生活中所说的某人的资产和负债复杂一些。

老李："老张，一个人欠了别人很多钱，负债累累。这和财报上说的负债是一个意思吗？"

老张："当然不是一回事，二者区别很大。个人负债，只是指欠了多少钱，财报上的负债，还包括流动负债和非流动负债。"

老李："好复杂！那么财报上的负债该如何分析？"

老张："别着急，先来看看流动负债的项目构成。其包括短期借款、应付票据、应付账款、应付职工薪酬等项目。"

老李："原来是这样。"

负债是指企业在某一特定日期承担的、过去的交易或者事项形成的、预期会导致经济利益流出企业的现实义务。按照偿还期的长短，负债分为流动负债和非流动负债。

一、流动负债的主要项目分析

企业的流动负债是指那些应该在一年以内偿还的债务，包括短期借款、应付票据、应付账款、预收款项、应付职工薪酬等，具体的流动负债项目构成如表 2-3-1 所示。

表 2-3-1 流动负债项目构成

流动负债科目	年初余额	年末余额
短期借款		
向中央银行借款		
吸收存款及同业存放拆入资金		
以公允价值计量且其变动计入当期损益的金融负债		
衍生金融负债		
应付票据		
应付账款		
预收款项		
卖出回购金融资产款		
应付手续费及佣金		
应付职工薪酬		
应交税费		
应付利息		
应付股利		
其他应付款		
应付分保账款		
保险合同准备金		
代理买卖证券款		
代理承销证券款		
持有待售的负债		
一年内到期的非流动负债		
其他流动负债		
流动负债合计		

❶ 短期借款

简单来说短期借款就是向银行及其他金融机构借的款项，在一年内必须偿还，且其利息费用作为财务费用计入当期损益。

短期借款对企业的经营状况好坏有指导作用，进行短期借款分析时应注意以下几个要点：

（1）注意短期借款数额的变化。应该对短期借款进行横向比较，某一时点的数值对公司整个经营情况的好坏参考作用不大，但可以通过对比历史年度的短期借款的数额变化来判断。比如，若一家公司突然出现某一年度短期借款增幅较大且公司营收增速也开始恶化的情况，则意味着公司可能面临危机。又如，公司短期借款多年来始终保持一个平稳发展的态势，账面上的货币资金能够覆盖短期负债，那么适当的负债其实有利于公司经营，可以优化资本结构。

（2）消失的短期负债。短期借款、长期借款、应付债券、其他应付款这4个项目应该综合来看。若某一年度负债表项目的短期负债急剧减少，则第一步应该判断公司是否已经偿还了负债，可以通过公司当年和前年的经营业绩辅助判断；第二步是识别负债的转移问题，有些时候短期负债较前一年度大幅减少并不是因为公司偿付了负债，而是有可能通过票据和债券的发行把短期负债转移到其他应付款或者应付债券等项目上。

（3）短期借款用在了哪里？从银行借出来的钱去哪儿了，这个问题涉及短期借款的具体流向问题。有些银行借款用于资金周转，有些是将资金输送给子公司，有些是为了投资项目的正常运行。

❷ 应付票据

应付票据反映企业购买原材料、商品和接受劳务供应等而开出并承兑的、尚未到期付款的商业汇票。其包括银行承兑汇票和商业承兑汇票。商业汇票规定有一定的承兑期限（最长不超过6个月），在承兑期限内由交易双方商定具体承付日期。

❸ 应付账款

应付账款项目反映企业购买原材料、商品和接受劳务供应等而应付给供应单位的款项。应收款项的产生是由于购进商品或接受劳务等业务发生时间与付款时间不一致造成的。

❹ 预收款项

预收款项反映企业按合同规定预收的款项。例如，收到销货订单时收取的保证金、预收报刊杂志的订阅费、预收押金、长期建筑合同开出发票超过成本部分的金额。

❺ 应付职工薪酬

应付职工薪酬包括企业根据有关规定应付给职工的工资、福利、社会保险费、住房公积金、教育经费、应交税费、非货币性福利、辞退福利等。

从上述具体项目的介绍来看，流动负债项目多而杂，每个项目的侧重点也不一样，应付票据、应收账款和预收款项等关联性比较强的项目将在下一章具体介绍，本节主要详细说明这些项目的逻辑关系。

应付职工薪酬、应付利息、其他应付款等项目，在流动负债表中绝对值占比都非常小，与其他项目相比，对公司经营好坏的判断作用不大，只要数额在一个合理的范围内就行。

其他应付款是流动负债项目中最容易发生财务造假的科目，很多时候企业说不清、道不明的债务或者对外借款都装进其他应付款。对投资者来说，分析其他应付款是否有问题时，主要观察其在某一年度是否开始急剧增大或者在资产负债表中占比偏大，如果有这种情况，那么就要引起注意，并深度分析其产生的原因。

其他流动负债科目在上市公司所涉及的比较少，某些上市公司把发行的短期融资券放在该项目中，若通过财务报表发现公司把短期融资券放在该科目中，就应该把该科目看作银行有息负债。

一年内到期的非流动负债的关注点在于，企业账面上的货币资金是否能够支付即将到期的负债？到期的非流动负债偿还后企业剩余的非流动负债还有多少？企业是否有足够的融资渠道筹集资金支付借款？等等。

二、流动负债的质量分析

流动资产是一年内可变现的资产项目，流动负债是一年内应清偿的债务责任，因此在任意一个时点上，流动资产和流动负债的数量对比关系，对企业的短期经营活动均产生十分重要的影响。同时，流动负债的流动性和可控制程度对公司经营也有很大的影响。

老李："流动负债高的公司，是不是压力比较大，会对生产经营产生不利影响？"

老张："是的。流动负债比例越高，意味着企业短期内需要偿还的负债就越多，一旦企业资金供应不足，就有可能出现企业破产倒闭的情况。"

老李："流动负债包括哪些项目呢？"

老张："通常包括短期借款、应付账款、应付票据、应付工资、应付福利费、应缴税金、应付股利、预提费用、其他应付款等。"

老李："这些负债项目偿还周期是多长？"

老张："一般在一年或者一年以内。"

❶ 流动负债的周转性分析

流动负债具体科目对应的偿还期限是不一样的，有的流动负债可能要求公司尽可能快地偿还，而有些流动负债的急迫性并不是很强。比如，一个企业由于大量的关联交易形成的负债或者正常商业行为形成的负债，这样的负债相较银行存款来说其紧迫程度并没有那么高，这样的短期负债会在无形中降低企业的流动性风险。

在对流动负债进行分析时，首先需要识别出经营性负债和银行有息负债。在企业经营性负债中，分析要点就在于应付账款、应付票据和企业存货之间的关系。例如，一家企业的存货增长异常，企业应付票据和应收账款增长也异常，这样的同向增长关系很可能是因为存在企业供应商的债权风险。

❷ 企业短期贷款规模可能包含的融资质量信息

企业的短期贷款一般用于公司的正常运转，如果用于公司正常经营，那么短期贷款的数额应该不会太大，但是从企业实务来看，资产负债表期末的短期贷款通常表现为超过实际需求，这种情况可以通过比较货币资金科目来分析。

出现上述现象的原因可能有如下几点：

（1）企业的货币资金中，包含一部分银行承兑汇票引起的保证金。

（2）由于组织结构的原因，存在众多异地分公司，分公司的货币资金由各个分公司支配，汇集在一起时，报表中表现的规模并不能代表企业实际可支配的货币资金规模。

（3）由于融资环境和融资行为的原因，导致企业账面上有过多的货币。

三、非流动负债的主要项目解析

非流动负债是指一年以上偿还的债务，包括长期借款、应付债券、长期应付款、专项应付款、预计负债、递延所得税负债及其他非流动负债等。

❶ 长期借款

长期借款是指反映企业向银行或其他金融机构借入的尚未归还的期限在一年以上的各期借款。长期借款一般用于企业的固定资产构建、固定资产改扩建工程、固定资产大修理工程以及流动资产的正常需要等方面，如大修理借款、更新改造借款、技术借款等。长期借款根据偿付方式可以分为定期偿还和分期偿还。前者是指在规定的借款到期日一次还清本金的借款；后者是指在借款期限内，分期偿还本息，至到期日全部还清的贷款。资产负债表的长期借款项目金额已经包含了本金和利息。

❷ 应付债券

应付债券是指企业为筹集长期资金而发行的债券本金和利息。同增发股票相比，当投资报酬率大于债券利率时，发行公司债券可以为股东带来较大的经济利益，而且公司债券的利息支出属于正常经营过程中发生的财务费用，可以用于抵免所得税。值得注意的是，如果公司债券利率高于企业投资报酬率，则利息费用将成为企业的沉重负担。

❸ 长期应付款

长期应付款项目是指企业除长期借款、应付债券外的各种长期应付款项，包括应付融资租入固定资产的租赁费、以分期付款方式购入固定资产发生的应付款项。企业购买资产有可能延期支付的有关价款。如果延期支付的购买价款超过信用条件，实质上是具有融资性质的，则所购资产的成本应当以延期支付购买现值决定。

❹ 专项应付款

专项应付款是指企业取得政府作为企业所有者投入的具有专项或特殊用途的款项，如专项用于技术革新、技术研究的款项等。

❺ 预计负债

预计负债项目是指企业确认的对外提供担保、未决诉讼、产品质量保证、重组义务、亏损性合同等可能产生的负债。如果与或有负债有关的事项同时符合以下条件，则企业应当确认为负债：

（1）该义务是企业承担的现时义务。

（2）该义务的履行很可能导致经济利益流出企业。

（3）该义务的金额能够被可靠地计量。

或有负债是指过去的交易或事项形成的潜在义务，其存在需通过未来不确定事项的发生或者不发生予以证实。对于已贴现商业承兑汇票形成的或有负债，如果贴现银行在汇票到期时不能从汇票的承兑方获得汇票的资金，则银行将从贴现企业的银行账户中将汇票上记载的资金金额划走或者转为企业的短期借款。在这种方式下，企业贴现商业承兑汇票后，并没有与汇票摆脱关系。

诉讼是指当事人不能通过协商解决争议，而在人民法院起诉、应诉。诉讼原因需要重点分析，有些诉讼是由于产品质量、企业间互相担保、专利权被侵犯等原因引起的。当然，除了对诉讼原因进行分类分析，还要看其对企业的影响程度。同时，若企业有很大可能败诉，则要分析原告提出的赔偿要求对企业现金流量和生产经营带来的影响。

四、非流动负债的质量分析

企业的非流动负债较短期负债而言，应该是企业长期稳定的资金来源，非流动负债的资金有可能形成企业的固定资产、在建工程、无形资产和长期股权投资，也可能形成企业的经营性流动资产。

对非流动负债项目进行分析时需要注意以下几个方面：

（1）观察企业通过长期负债形式形成的固定资产、在建工程的利用情况与增量效应。企业的非流动负债是需要付出成本代价的财务资源，而非流动负债形成的固定资产、在建工程又为企业未来的利润增长点做铺垫。所以，我们应该结合以后年度公司的营业收入和净利润增长幅度来判断非流动负债带来的增量效应。

>> 案例：老王的公司对外借款作用明显

老王在2018年年初向银行借款约20亿元用于扩张企业的生产，资金到位后就开始着手投资新生产线。到了年末，老王公司资产负债表项目中固定资产项目也大幅增加，这意味着老王公司新建的投资项目在2018年度已经达到可以使用的条件，并且开始生产。

通过阅读2019年度老王公司的财务报表可以发现，其公司在这一年度的净利润和营业收入有了明显地提升，这意味着公司非流动负债带来了较好的增长收益，企业的非流动负债形成了良好的周转，公司对外借款明显是利大于弊。

（2）分析非流动负债形成的固定资产是否得到充分利用。固定资产周转率是反映公司经营效率的一个重要指标。如果企业取得的固定资产质量很高，生产线产量也高但得不到良好的周转，那么企业的经济效益很难出现质的提升。看企业的周转率是否得到提高，可以将借款前的固定资产周转率和借款后的固定资产周转率进行比较，若后者比前者好，则意味着企业的长期负债可能带来了很好的经营效率。

（3）注意非流动负债形成的长期股权投资的效益和质量。企业的长期股权投资是在非流动负债推动下产生的，那么被投资的标的能否盈利是一个非常关键的指标。若长期股权投资标的盈利性不够强或者投资的是一堆“垃圾”资产，反而会拖累企业。更为严重的是，若某一天企业遇到了危机，可选择大幅折价出售这些投资标的，则损失可能会比较大。此外，为什么企业的长期股权投资产生的投资效益很重要？因为只有相当规模的货币回收，非流动负债的本金和利息才能够得以偿还。

（4）跟踪企业非流动负债所对应的流动资产及其质量。在某些时候，企业的非流动负债用于补充流动资金，从而形成流动资产，所对应的资产负债表项目体现为企业货币资金的增加。这时应该跟踪企业非流动负债的偿付情况和企业的流动资产中是否有不良占用。例如，典型的不良占用包括非正常其他应收款、呆滞债券和积压、周转缓慢的存货等。

（5）预计负债分析。对预计负债的计量分为初始计量和后续计量。初始计量按履行相关现时义务所需支出的最佳估计数进行，并考虑时间价值。后续计量是指企业对预计负债的账面价值进行检查，看是否需要调整。

是否会被确认为负债，在很大程度上是由人来主观判断，因此这就不可避免地会出现企业利用该项目进行利润操作的可能性，值得投资者高度关注。

第四节 应计项目判断公司的议价能力

小张 2019 年大学毕业后，因为暂时没找到合适的工作，被开公司的老爸叫去帮忙。公司属于传统制造业，规模很小，老爸为了节约成本，不想请专业的财务人员，就让小张负责财务工作。小张不是财务专业出身，虽然在学校学过《会计学原理》，但对财务报表还是感觉比较怵。尤其是应计项目的很多科目，他经常觉得傻傻分不清。

老张："老李，经过前面的学习，你现在对财务报表了解多少了？"

老李："有些初步了解，没那么抵触了！能够看懂财报的一部分内容，但财报中有一个"应计项目"，对这点不是很明白。"

老张："应计项目最大的作用，是可以帮助我们判断一个公司的议价能力。"

老李："具体项目有哪些啊？"

老张："应计项目主要包括资产负债表中资产项目的应收票据等，以及负债项的应付账款、预收款项等。每一项都极为重要，比如应付账款的规模，可以帮助我们判断企业在市场上的话语权有多大。"

应计项目主要包括资产负债表中资产项目的应收票据、应收账款等以及负债项的应付账款、预收款项、应付票据等。这些项目通常是通过公司正常的经营活动形成的，把这些项目单独用一节来讲解，是因为这些项目的变化对公司的经营状况有着极其重要的参考作用。下面着重讨论项目之间的内在关系。

一、应付票据、存货与应付账款的变化

应付票据、存货和应付账款的联动变化为我们分析企业提供了一条有效的途径，因为这3个科目的存在是息息相关的。

应付票据和应付账款是企业的商业活动所形成的科目，其规模通常能够说明企业在整个行业中的市场地位以及是否具备话语权。

随着企业存货或营业成本增长，应付账款也相应增长，从债务角度来说，这种增长在很大程度上代表了企业与供应企业在结算方式上有较强的谈判能力，企业在利用商业信用来推动自己的经营活动方面做得比较成功。

随着企业存货或营业成本增长，应付票据也会相应增长，如果增长是大规模的，那么对企业来说并不是一件好事，很可能说明企业因自身商业信用的降低而不得不采取对自己不利的结算方式与客户结算，比如采用商业汇票的方式结算。采取这种方式进行企业之间的日常经营活动，会无形中增加企业的成本，降低企业的货币资金周转率。

二、应收账款、应收票据及存货变动的具体含义

应收账款的增加有很多因素。比如企业业务发展迅速、回款质量不高难以收回、迫于竞争压力而主动放宽信用政策、通过对该项目注水虚增营业收入等。应收账款的减少则反映企业回款质量高或者企业开始紧缩信用政策，同时可能也会有业务萎缩等方面的原因。

应收票据的增多也有不少原因。比如业务发展迅速或者采用商业汇票结算保证回款质量等。应收票据减少的原因有：企业对交易对象的财务质量有信心、企业业务萎缩等。

下面用具体的案例来进行分析。

❶ 某上市公司案例

表 2-4-1 所示为某上市公司资产负债表中应计项目以及存货最近几年的变动情况，该公司属于消费零售行业。从数据的变动情况看，该公司 2015 年至 2019 年的经营情况：每年的营收规模较大，但其应收票据、应收账款数额非常小，说明公司的经营周转率非常高，下游经销商没有拖欠公司的货款，公司与经销商相比有很高的议价主导权，说明其产品具备较强的市场竞争力。从存货规模来分析，存货规模与营收规模比较，处于一个合理空间，同时从存货的附注中可明确知道存货的构成，库存商品若占比很小，则至少从短期来看并不会存在存货积压的情况。

表 2-4-1　某上市公司 2015—2019 年资产负债表部分科目

单位：元

1	科目/年度	2015年	2016年	2017年	2018年	2019年
2	应收票据	1.06亿	1.32亿	1.47亿	1.69亿	1.57亿
3	应收账款	2.81亿	2.85亿	3.24亿	3.56亿	5.46亿
4	预付账款	8.35亿	3.76亿	3.3亿	3.54亿	6.2亿
5	存货	33.1亿	29亿	36亿	50亿	45.8亿
6	应付票据	1.42亿	1.25亿	1.65亿	2.66亿	5.63亿
7	应付账款	43.7亿	45.8亿	51.5亿	52.9亿	60亿
8	预收账款	30.5亿	25.8亿	33.4亿	22.7亿	20.3亿

从应付账款和预收账款来看，这两项短期负债的规模相比其他项目数额非常大，应付账款和预收账款显示的是公司与上游供应商和下游经销商的关系，公司通过赊购上游厂商的材料和先收款后付货的政策，获得了短期资金的流动性，这笔资金可以用于短期理财获得短期收益。

那么，为什么上游原材料厂商能够接受该公司赊欠以及款到货才到这样对自己不利的条件呢？答案就在于议价能力。因为该公司生产的产品在市场中知名度很高，产品紧俏，在市场竞争中有宽广的护城河，所以拥有很强的议价能力。

应收款项和应付款项应该配合分析得到的结论才更加可靠，从这一案例来说，应收票据、应收账款金额小而应付账款和预收账款金额非常大，两者对比根本不在一个重量级上，对这种情况一定要深入分析公司的产品是否具有很大的品牌效应以及竞争优势，若这些信息相互印证，则有可能你已经发现了一家优质公司。

❷ 某传媒公司案例

表 2-4-2 所示为从另外一家公司资产负债表中提取的科目。下面详细分析该公司的发展情况。

表 2-4-2　某传媒公司 2015—2019 年资产负债表部分科目

单位：元

1	科目/年度	2015年	2016年	2017年	2018年	2019年
2	应收票据	0.05亿	0.6亿	1.25亿	9.9亿	0.8亿
3	应收账款	9.5亿	18.5亿	33.6亿	48.6亿	85.2亿
4	预付账款	2.47亿	0.5亿	2.89亿	5.18亿	6.2亿
5	存货	0.26亿	0.85亿	1.20亿	1.58亿	6.6亿
6	应付票据	—	0.05亿	—	0.08亿	—
7	应付账款	3.27亿	7.82亿	16.05亿	32.3亿	54.2亿
8	预收账款	0.06亿	0.4亿	3.23亿	17.83亿	4.56亿

该公司属于传媒行业，行业属性决定公司的存货规模不会很大，从最近几年的数据来看，存货数额的变化程度较营收规模占比很小，也可以佐证前述结论。同时，也说明存货科目不是分析的侧重点。

从票据科目来看，该公司应付票据规模很小，可以忽略不计。2017 年以前，对该项目的规模都可以不予考虑，但 2018 年应收票据飙涨至 9.9 亿元，这一异常数值应该引起我们的警觉，但也需要从其他方面进行分析，寻找原因。

从应收账款来看，该公司从 2015 年到 2019 年应收账款增幅达到的约 8 倍，营收的规模和应收账款的规模相比差距不是特别大，这本身就不是一个积极信号。同时，应收账款的增速与营业收入的增速虽然相匹配，但考虑公司所处的行业属性，如此异常的应收货款增幅也是一个隐患。2017 年和 2018 年是公司的爆发期，应收账款和应付账款规模增长非常快，如果结合该公司的行业地位和市场竞争格局分析，就会发现公司的这种迅猛、快速的发展速度其实是不符合行业特性的。

三、如何判断公司的发展才算平稳和健康

肯定有读者会问，该如何判断公司的发展才算平稳和健康？很简单，我们可以通过横向对比，找几家同行业其他公司的发展情况进行综合分析。如果某公司超高速的发展在行业中属于第一，但公司的市场地位和竞争优势并不是行业龙头，那么这就为我们质疑其业绩爆发的合理性提供了参考依据。

通过对上述两个案例的分析，应计项目的分析总结可以归纳为以下几点：

（1）规模对比分析：比较公司应计项目的绝对值数额与公司营业收入绝对值，判断其合理性。

（2）异常数值分析：某一年度应收账款余额相比前几年增长巨大，某一年度资产项目某一科目表数值与以前年度基数相比数值增幅巨大，这一现象就值得深入研究。

（3）横向比较分析：通过对同行业其他公司经营状况、存货情况、应收账款、应付账款等数值比较，对整个行业的大体发展情况有一个比较清晰地认识，对公司异常发展的合理性作出判断。

（4）纵向比较分析：分析公司历年的项目变动情况，可以帮助我们判断公司是否采用激进型的发展模式。比较激进的公司往往会体现在应收账款、预付款项、预收款项等项目变化异常上。同时，这种模式可能会为公司未来的发展埋下隐患。

特别提示：对上述科目的分析，主要是为我们进行资决策时提供更多的判断依据，并不能百分之百确定公司的经营状况，因此最好采取辩证的思维。

第五节　关键指标研判公司发展情况

老黄是一家家具厂的老板，为了扩大规模，近几年他从银行和个人等渠道借了一些资金，这些借款偿还周期有长有短，但他搞不清楚自己的哪些资产可以用来偿还这些借债，更不会判断厂里的还债压力和风险。于是老黄请我替他分析一下，便于提前做好准备。其中，老黄的忧虑，涉及企业的偿债能力比率、杠杆北率、存货周转率等关键指标。

老李："老张，资产负债表的项目有很多，内容很杂，对于我们没有专业财务知识的散户来说，哪些数据可以用来判断公司的发展情况呢？"

老张："你问到一个比较重要的问题，资产负债表的内容确实较为复杂，但也有简便的使用方法。其中，资产负债表中的长短期偿债能力、固定资产周转率等指标都可以用来粗略判断公司的发展情况。"

老李："企业偿债能力越好，是不是代表公司的发展越好？"

老张："通常来说是的。偿债能力可以用比率法分析，主要包括流动比率、速动比率和现金比率。偿债能力越强，通常代表企业的经营比较稳定，有持续的现金流。下面的几个公式最好熟练掌握。"

一、偿债能力比率分析

偿债能力比率是反映企业用现有资产偿还债务能力的比率，可用于分析企业目前是否存在无力偿还短期债务的风险。

偿债能力比率主要包括流动比率、速动比率和现金比率。

$$流动比率=\frac{流动资产}{流动负债}$$

$$速动比率=\frac{速动资产}{流动负债}$$

$$现金比率=\frac{现金资产}{流动负债}$$

流动资产、速动资产、现金资产的变现能力逐级增加，最常用的指标主要是流动比率，速动比率和现金比率起的是补充和验证的作用。流动资产具有容易变现的特点，而流动负债具有偿还期不确定的特点，二者刚好可以互补。采用这 3 个指标分析企业的短期偿债能力应注意以下几个要点：

（1）一般书上认为流动比率保持在 2 ：1 是一个比较适宜的比例，但这只是一个经验数据，因为公司所处行业不同、季节性因素以及企业处于不同的发展阶段等因素，都会导致该比例有很大的不同。通常情况下，对流动比率的合理性应该辩证来看，可以通过比较公司历年的流动比率来分析目前的数据是否合理，同时对比行业其他公司的数据来判断公司的流动比率是否处在合理位置。

（2）对流动资产而言，首要任务是分析流动资产中各项资产科目所占比例是多少。若一家公司的流动资产项目中货币资金占比非常大，则企业短期的偿债能力是不错的；若一家公司的流动资产项目中应收账款、存货等可变现性低一点的资产占比很大，则要对企业偿债能力打一个折扣。

对流动负债而言，首要任务是判断出流动负债中各项科目所占比例是多少。若一家公司流动负债中短期借款比例非常大，就要引起警惕。此时，必须要判断企业账面上的流动货币资金能不能覆盖其短期负债，并且还要对整个货币资金质量进行深入剖析，查看有无抵押、诉讼等情况。若一家公司流动负债中应付账款和预收账款比例较大，短期有息负债比例很小，同时公司的应收账款保持在一个合理的水平，账面上的资金又比较充裕，则流动比率可以偏激进一些。

二、杠杆比率分析

杠杆比率反映的是企业的负债与所有者权益之间的对比关系，主要用来评价企业长期偿债能力和继续举借债务的能力。

常见的比率有资产负债率和权益比率。

$$资产负债率=\frac{负债总额}{资产总额}$$

$$权益比率=\frac{股东权益总额}{资产总额}$$

在投资活动中，这两个比率到底应该多大才合理，通常没有定论，比率的大小通常受企业所在行业、所处经营周期的影响，同时与公司的经营战略也有很大关系。

\>> 案例：处于不同行业的公司负债率差别较大

若一家公司处于化工、钢铁或煤炭等周期性行业中，则公司的资产负债率在不同年份差别很大，当某些年度公司产品处于价格周期底部，公司的盈利能力偏低时，公司就可能需要对外举债以度过不景气的周期底部。

当某些年度公司所处行业景气度开始回升，产品价格开始上涨时，该公司账面上将会出现大量的盈利，盈利后会将企业向银行借的款项先行偿还，这时企业的资产负债率又开始降低。

分别属于消费行业和石油行业的两家公司，资产负债率会有显著的差异。消费行业企业回款速度快，账面货币资金规模大，企业对外借债的规模不会很大，其资产负债率也会偏低。但对石油类公司来说，该行业本身属于重资本行业，平时需要大量的资本支出，比如前期准备工作（勘探、购买设备等）和维护支出等，所以这类企业的资产负债率普遍偏高。

通常认为，比较高的权益比率（比较低的资产负债率）的企业财务风险相对偏低。但并不是权益比率越高越好，因为企业的目的是实现股东财富最大化，利用财务杠杆可以扩大企业经营规模，借用债权人的资金本质上是为了获得更大的利润，所以不同的企业其比率数据会有很大的差异。

三、营运能力比率分析

❶ 存货周转率

$$存货周转率=\frac{营业成本}{（期初存货余额+期末存货余额）/2}$$

该指标的缺陷就在于想当然地认为企业的存货使用在一个会计年度是平均使用的，但是在企业日常经营活动中，这样的现象是不存在的，因为每个行业有其特性。在周期性行业中，存货的变动就非常大，在行业周期顶部，产品供不应求，存货会降低，而在行业周期底部，存货积压现象就比较严重。实践中常用的另一个数据是存货平均周转天数，实际是存货周转率的另一种表达方式，是一个问题的两种表述，存货周转天数相对而言更加直观。

$$存货周转天数=\frac{365}{存货周转率}$$

存货周转天数应该与同行业其他公司相比较意义才会更大。一般来说，存货周转天数越少，存货周转率越高，企业的变现能力就越强，库存时间也就越短，可以减少企业的开支。

❷ 应收账款周转率

$$应收账款周转率=\frac{赊销净额}{平均应收账款}$$

平均应收账款是年初应收账款和年末应收账款之和除以 2 得到的，分子（赊销净额）是指企业通过赊销取得的收入。通常情况下，企业销售有两种，即赊销和现金销售，应收账款是在赊销中形成的，所以计算应收账款周转率应该用赊销额，由于外部人员很难拿到赊销额的具体数字，在实践中通常采用营业收入来代替赊销额。

在实践中采用的数据是应收账款周转天数，原因在于，应收账款周转天数更加直观和容易理解。

$$应收账款周转天数=\frac{365}{应收账款周期率}$$

需要强调的是，利用上述公式应该注意以下几点：

（1）该公司假设应收票据规模不够大，在应收票据规模比较大的情况下，可以改为商业债权周转率。

（2）应收账款应该用没有减除坏账准备的原值金额（因为企业大部分情况下回收的不是净值而是原值）。

（3）在实施增值税的情况下，销售额的项目还应该乘以（1+ 增值税税率）

对应收账款周转率的分析，首先应该将其与行业平均水平进行比较，若其高于平均水平，则说明公司对应收账款的管理能力比较优秀，同时表明交易对象的还款能力优秀。就应收账款天数来说，应收账款周转天数越短，说明其账款回收越快。

那么，应收账款周转率越大越好吗？未必。需要具体情况、具体分析，比如有些企业产品竞争力很强，拒绝赊购，那么这时观察其应收账款周转率就没有多大意义。此外，若公司在生产方面受季节性因素影响显著，这也会干扰应收账款周转率的准确性。所以，我们判断公司的应收账款周转率时，除了看财务报表，还应该分析企业所在的市场环境及其自身经营特点。

❸ 固定资产周转率

$$总资产周转率=\frac{营业收入}{（年初总资产余额+年末总资产余额）/2}$$

$$总资产周转天数=\frac{365天}{总资产周转率}$$

总资产周转率是企业资产周转情况好坏的重要指标，可以全方位地向投资者或者股东展示公司经营情况的好坏，如果公司的资产周转率很高，则可以从侧面反映企业管理质量的很好，通过该指标的历史年度的综合比较，更可以反映企业的运营效率和变化情况，发现企业与同类企业在资产利用上的差距，积极提高产品市场占有率和资产利用效率。一般情况下，该数值越高，表明企业总资产周转速度越快，销售能力越强，资产利用效率越高。

对上述公式应该注意以下几个分析要点。

（1）警惕总资产周转率异常值：如果一家企业的营业收入变化不大，但是周转率却异常猛增，那么需要考虑的因素在于企业是否大量报废固定资产。如果企业的总资产周转率较低，那么企业在经营过程中很可能处置了大量的资产或者某些资产处于闲置状态。

（2）如果企业资金占用的波动性较大，总资产平均余额应采用更详细的资料进行计算，如按照月份计算等。

（3）总资产周转率中的分子、分母口径不一致，总资产周转率中的营业收入通常是指主营业务收入，而没有将主营业务外收入包含在内，但分母却是企业所有资产的总和，其中对外投资形成的投资收益却不能当作营业收入计入分子内，这样的情形导致指标分子、分母口径不一致。但是总体来说，总资产周转率用于判断公司的经营情况是比较实用的。

第六节 如何通过资产负债表筛选绩优股

小万进入股市的时间不长，至今不过 3 年。刚入股市时，工作比较清闲，看盘时间多，因此做了一段时间短线，赚了点儿小钱。尝到股市的甜头后，他继续加大投资。不巧的是，单位对部分人员岗位进行调整，小万被调往销售部门，而销售工作需要经常去拜访客户，根本没时间经常看盘。无奈之下，小万只能将短线操作改成长线，而读懂财务报表是必不可少的，学会看资产负债表更是重中之重。

资产负债表是反映某一时点企业资产状况的会计报表，可以向我们揭示企业各项资源和资金来源方面的信息，资产负债表的每一个项目经过详细分析后，都可以在一定程度上解释企业的运营情况，同时可以通过纵向和横向比较来验证企业经营情况的好与坏。

老李："问个比较直接的问题，如何通过资产负债表筛选绩优股？"

老张："看你这急性子！既然你问了，那么我可以给你说说。资产负债表虽然不是一两句能说清楚的，但可以通过纵向和横向比较来验证企业经营情况的好与坏，进而筛选出具有发展潜力的绩优股。"

老李："具体怎样对比呢？"

老张："主要看 3 个方面：一看资金；二看有息负债和资产负债率；三看应收款项和应付款项、预收款项规模。"

老李：“要是有具体的案例就更好理解了。”

老张：“没问题，我们可以来看看贵州茅台和伊利股份以及海天味业的相关数据，从中找出端倪。”

通常来说，研究某一家公司的资产负债表首先需要判断企业是属于成熟型行业还是成长型行业。先了解什么是成熟型行业。在成熟型行业中，企业投入达到一定规模后就相对稳定的时候，人力资源、无形资源（比如企业品牌知名度）在企业的资源配置中占有相对较大的份额，企业的资源结构已经趋于合理。

如何通过资产负债表筛选绩优股？下面通过要点和案例相结合的形式进行讲解。

一、看 资 金

在成熟型行业中，企业账面上的货币资金往往都会比较充沛，通过比较其他公司账面上的货币资金规模来判断企业获得的市场地位。一般来说，企业品牌的知名度高，市场竞争力强，获得的利润规模在行业占比中会比较大。

表 2-6-1 所示为贵州茅台 2015—2017 年资产负债表中的货币资金及资产项目的部分数据，可以看到企业的货币资金在整个资产负债表中占据非常大的比重，这说明了什么？

表 2-6-1　贵州茅台资产负债表部分项目

贵州茅台资产负债表部分项目			
	2017年	2016年	2015年
货币资金	879亿元	668.5亿元	368亿元
流动资产合计	1 122.5亿元	901.8亿元	650亿元
股东权益合计	960.2亿元	758.9亿元	662.3亿元
负债和股东权益合计	1 346.1亿元	1 129.4亿元	863亿元

白酒行业是一个成熟型行业，在这个行业中，企业的品牌实力和产品竞争力是重中之重。从 2015 年至 2017 年企业账面上的货币资金规模迅速增

加，从侧面反映了企业产品竞争力强、回款快、存货的周转率非常高等特点，结合贵州茅台在白酒市场上的龙头地位，这家公司的投资价值就显而易见。

二、看有息负债和资产负债率

在一个成熟型行业中，企业发展往往不会显得非常激进。一般来说，通过向银行举债大力扩张，在成熟型行业中显得尤为少见，这时我们可以通过查阅资产负债表中的有息负债项目来判断公司的经营好坏。同样以贵州茅台为例，查阅公司 2015 年至 2017 年资产负债表相关有息负债项目可以发现，短期借款和长期借款项目总和为零，资产负债率在 2015 年、2016 年和 2017 年分别为 23.25%、32.79% 和 28.67%，这说明所有的欠款计划都是商业行为导致的，意味着公司的议价能力较强，产品比较紧俏。

三、看应收款项、应付款项和预收款项规模

通过对上述内容的学习，我们已经知道应收款项、应付款项和预收款项都是因商业行为而形成的债权和债务科目，商业行为可以较粗略地解释为对上游原材料供应商与下游经销商等的谈判能力。假如企业生产的产品深受顾客喜爱，市场受众广，产品竞争力强，那么对供应商和经销商的谈判能力就会比较强，在财务数据上可以表现为应付款项、预收款项增加而应收款项相应减少。反之，若企业产品竞争力不强，市场上产品可替代性强（市场同类竞争产品很多），品牌效应不大，在财务报表上可能会体现为应收款项的增加，则应付款项、预收款项规模缩小。

表 2-6-2 所示为 A 股资本市场上非常著名的两家上市公司，将两家公司资产负债表的一些共同科目进行分析。其中，伊利股份占据市场乳制品行业的龙头地位，海天味业则是调味品行业的龙头，读者可能会有疑问，为什么我们要把两家不同行业的上市公司放在一起进行研究、比较和分析呢？

表 2-6-2 两家公司最近几年资产负债表部分科目

伊利股份资产负债表部分科目			
	2017年	2016年	2015年
应收票据	1.64亿元	1.14亿元	1.47亿元
应收账款	7.86亿元	5.72亿元	5.72亿元
预付款项	11.92亿元	5.58亿元	6.15亿元
应付票据	2.15亿元	3.38亿元	5.63亿元
应付账款	72.54亿元	67.53亿元	60.79亿元
预收账款	41.26亿元	35.92亿元	20.36亿元
资产合计	493亿元	392.6亿元	396.3亿元
海天味业资产负债表部分科目			
应收票据	—	—	—
应收账款	0.02亿元	—	—
预付款项	0.18亿元	0.16亿元	0.07亿元
合计			
应付票据	0.01亿元	0.28亿元	—
应付账款	5.55亿元	5.47亿元	5.85亿元
预收账款	26.79亿元	18.09亿元	11.19亿元
资产合计	163.4亿元	134.6亿元	114.9亿元

虽然这两家公司分属不同行业，但它们有不少共同点，即品牌知名度非常高，产品竞争力非常强，同样都是市场龙头，当我们找到两家公司的一些相似点后，就可以为筛选绩优股提供有价值的参考。

通过表 2-6-2 我们发现，这两家上市公司的应收票据、应收账款和预付款项占营收比都非常小。纵向来看，两家公司每年这 3 个项目的绝对值数额变化均不大，这就说明两家公司的产品一般是先付款后到货，其经销商欠公司的钱非常少。同时，这两家公司的应付票据、应付账款和预收账款数值就非常大，相比营收规模占比较大，与应收款项的绝对值数额不在同一个量级上，是什么原因导致这种现象呢？

从财务报表中的解释可以知道，应付账款和预付款项基本是针对上游原材料供应商或者下游经销商实行“先款后货”的模式导致的，那么又是什么导致了经销商和供应商甘愿牺牲自己的资金流动性来获得订单呢？答案就是产品！

如果一家公司的产品被大众认可、依赖和不可替代，无形之间就极大地增强了企业的竞争实力，也奠定了这家企业的投资价值，所以根据资产负债表中的应收项目或应付项目等与商业活动有关而形成的债权和债务组成，可以判断公司是否具有投资价值，同时公司经营者也可以通过这些项目来判断公司经营战略实施的正确性。

四、成熟型行业的分析要点

老李："老张，经常听到有人说成长型行业和成熟型行业，二者有哪些区别？"

老张："虽然只是一字之差，但这两种类型的行业区别比较大。"

老李："可以具体说说吗？"

老张："成长型行业主要指新兴产业，出现的时间不是很长，还不够强大，但符合经济发展趋势，有很好的发展前景，比如5G行业。而成熟型行业是指一个行业经历了高速增长后，逐步过渡到平稳增长期，比如饮食行业。"

老李："原来如此，长知识了。"

老张："在分析这两种类型的行业时，有一点必须要提醒。就是成长型行业并不是固定不变的，随着经济的快速发展，成长型行业会迅速发展壮大，逐步成为成熟型行业。"

首先，判断企业货币资金的充裕度以及增长率。如果公司每年账面的货币资金呈现出稳步增长的态势，同时货币资金达到一定的规模，且货币资金来源于企业正常的商业活动，那么我们可以将它放进绩优股筛选池。

其次，判断公司产品是否具有强大的竞争力和宽广的护城河。如何判断？重点考察企业在商业活动中对供应商和经销商的议价能力，即通过应收项目、应付项目、预收款项和预付款项的绝对值数额进行判断。

最后，看企业负债率。通过研究企业的负债率水平，判断企业的发展是平稳健康发展还是无序扩张。如果企业负债率过高，就一定要提防企业资金链断裂的可能性。

五、成长型行业的分析要点

首先，作为一家成长型企业，企业要对外扩张就一定要寻求资金，向银行借款是最普遍的一种模式。因此，快速扩张型企业向外举债是合乎常理的，对于举债，我们更应该判断企业的现金流能否覆盖其利息与负债，以及账面上的现金能否覆盖全部有息负债，等等。

其次，区分“假成长”与“真成长”。有些企业属于高新技术企业，所在行业本身属于高速增长行业，处于其中的企业会被误认为是一个高速增长的公司，其经营成果很可能会被人为夸大。面对这种情况，有一个很好的判断方法：考察主营业务收入规模处在什么量级。比如，有的公司处于高速增长行业，但营业收入只有区区几千万元，对这样的公司一定要精准识别真假。至于判断一家公司是假成长还是真成长，可以通过公司公告（一般上市公司的投资活动会通过公开信息披露）进行研判，因为企业想要扩张，就一定在战略上会有相关部署动作，比如购置机器设备、建立新生产线、对外收购等。

最后，应收款项和应付款项与成熟型行业有很大的不同。前面谈到，成熟型行业的产品竞争优势会为企业带来非常强的议价能力，但通过查阅一些号称高科技公司的资产负债表，并没有这种情况。我们不免会产生一个疑问：作为身处高技术行业的龙头公司，为什么企业的应收项目和应付款项没有体现出强大的议价能力？对于这样的公司能把它归类为绩优型企业吗？

对此，我们可以这样去理解：海天味业和伊利股份面对的消费群体和前述某高科技公司面对的消费群体是不一样的，前者的市场容量大，地域辐射广，消费频次高，故可以为企业带来很强的议价能力，而高科技公司完全不同，其客户主要是下游产业链的一些企业，如果贸然拖欠供应商或者下游经销商的货款，那么很可能会导致合作伙伴的资金链紧张。同时，该市场的产品还存在一个迭代的问题，因为产品的更替也有一个逐步接受的过程。总而言之，该行业和直接面向大众消费的行业并不一致，故不能一概而论。

03

第三章 看似简单的利润表其实没那么简单

老马是老股民，交易过的股票不说几百只，一百只左右是有的。即便如此，很多时候遇到的反常情况也会让他丈二和尚——摸不着头脑。比如：企业每年产生的利润都非常可观，为什么会突然曝出企业资金链断裂的消息？企业账面上连续几年都没有产生盈利，为什么公司的业务却在异常快速发展？为什么企业收入增长非常快速，但是净利润却迟迟不见提高？为什么净利润在某一年度大幅增加，但公司的营业收入却增长平平？

的确，老马遇到的这些问题，相信大多数投资者都曾遇到过。本章内容，我们就来重点解答相关问题。

第一节　利润表的格式与结构

一、利润表的格式

利润表是根据“利润＝收入－费用”的基本关系编制的，在实际编制时，有如下两种方式可供选择：

（1）以企业一定时期的全部收入总和减去全部费用支出的总和。

（2）根据企业收入和费用的性质分类，尽可能相互配对，以计算出不同经营业务所取得的利润，将各种利润相加即为利润总额，再减去净利润所得税，即为净利润。

相应的，利润表的格式也可以分为两种：若按第一种计算方式，则净损益的格式称为单步式利润表；按照第二种方法计算出的称为多步式利润表。在中国企业基本采用的是多步式利润表。

二、利润表的结构

老李：“最近碰到一件怪事。我买的股票，看之前的报表，企业每年的利润不少，可媒体这几天曝出公司资金链断裂，还说老板跑路了，这是咋回事？”

老张：“并不奇怪，主要是你对利润表了解不深。”

老李：“具体说说，这里面有什么秘密？”

老张：“除了你说的这种情况，还有很多异常现象都值得注意。比如企业营收增长非常快，但净利润并没有提高。或者净利润在某年大幅增加，但公司的营业收入却增长平平。”

老李：“为什么会发生这些情况呢？”

老张：“你先学习利润表的结构，很多秘密藏在里面呢。”

利润表的结构如表 3-1-1 所示。

表 3-1-1　利润表的结构

项目	本期金额	上期金额
一、营业收入		
二、营业成本		
营业税金及附加		
销售费用		
管理费用		
财务费用		
资产减值损失		
加：公允价值变动损益		
投资损益		
其中：对联营企业和合营企业的投资收益		
三、营业利润		
加：营业外收入		
减：营业外支出		
其中：非流动资产处置损失		
四、利润总额		
减：所得税费用		
五、净利润		
六、每股收益：		
（一）基本每股收益		
（二）稀释每股收益		
七、其他综合收益		
八、综合收益总额		

在我国现行会计准则下，利润表中营业利润包含了“公允价值变动损益”“资产减值损失”等未实现资产利得和损失。“公允价值变动损益”“资产减值损失”作为直接计入利润的利得和损失纳入利润表，使净利润包含了部分“其他综合收益”（未实现资产持有利得和损失）的内容，而另一部分的“其他综合收益”项目列示于净利润之下。

针对上述内容，我国多步式利润表的结构是按照企业收益形成的主要环节，通过营业利润、利润总额、净利润和综合收益 4 个层次来分层级披露企业的收益，并详细展示企业不同收益的形成过程。利润表中各项目之间的联系可通过下列公式给出：

营业利润＝营业收入－营业成本－营业税金和附加－三费（销售、管理、财务）－资产减值损失＋公允价值变动收益－公允价值变动损失＋投资收益－投资损失
利润总额＝营业利润＋营业外收入－营业外支出
净利润＝利润总额－所得税费用
综合收益总额＝净利润＋其他综合收益

上述几项是利润表中比较核心的内容，下面通过详细的具体科目进行讲解。

第二节 营业收入应该纵向来看

收入，顾名思义就是企业卖产品获得的钱。好比你开一家米粉店，辛苦一天下来，总得盘点一下当天的收入吧，至于纯利润有多少，还得除去各种投入的成本。对于收入，专业一点的解释就是企业在日常活动中形成的，会导致所有者权益增加的，与所有者投入资本无关的经济利益的总流入。其主要包括销售商品收入、提供劳务收入和让渡资产使用权收入。

老李："老张，不同行业和不同企业的收入是不是各有自己的特点？"

老张："是的。但要注意，收入既可以是企业货币资产的增加，也可以是企业负债的减少。"

老李："怎么理解？具体讲讲。"

老张："简单来说，就是公司已经将相关商品所有权的主要风险和报酬转移给购货方，双方确认了交易，相关的经济利益已经流入本公司。你需要学习下面的更加细致的内容。"

一、收入有什么特点

（1）从企业的日常活动中产生，而不是偶发的交易或事项中产生。

（2）收入既可以表现为企业货币资产或非货币资产的增加，如增加银行存款、立收账款等，也可以表现为企业负债的减少。

（3）收入导致企业所有者权益的增加。企业收入扣除相关成本费用后的净额，既可能增加所有者权益，也可能减少所有者权益。收入仅指收入本身导致的所有者权益的增加，而不是指收入扣除相关成本费用后的毛利对所有者权益的影响。

（4）收入只包括本企业经济利益的流入，不包括为第三方或客户代收的款项，如增值税、代收利息等。

二、收入应该如何确认和计量

❶ 销售商品收入同时满足下列条件，才能予以确认

（1）企业已将商品所有权上的主要风险和报酬转移给购货方。

（2）企业既没有保留通常与所有权相联系的继续管理权，也没有对已售出的商品实施有效控制。

（3）收入的金额能够可靠地计量。

（4）相关的经济利益很可能流入企业。

（5）相关的已发生或将发生的成本能够可靠地计量。

❷ 提供劳务收入

企业在资产负债表中提供劳务交易的结果是能够可靠估计的，应当采用完工百分比法确认提供劳务收入。完工百分比法，是指企业按照提供劳务交易的

完工进度确认收入和费用的方法。

提供劳务交易的结果能够可靠地估计，是指同时满足下列条件：

（1）收入的金额能够可靠地计量。

（2）相关的经济利益很可能流入企业。

（3）交易的完工进度能够可靠地确定。

（4）交易中已发生和将发生的成本能够被可靠地计量。

❸ 让渡资产使用权收入

让渡资产使用权收入包括利息收入、使用费收入等。让渡资产使用权收入同时满足下列条件的，才能予以确认：

（1）相关的经济利益很可能流入企业。

（2）收入的金额能够可靠地计量。

企业应当分别按照下列情况确定让渡资产使用权收入金额：

（1）利息收入金额，按照他人使用本企业货币资金的时间和实际利率计算确定。

（2）使用费收入金额，按照有关合同或协议确定的收费时间和方法计算确定。

三、营业收入的三个分析维度

由于所处行业不同，企业收入类型也不同，我们应该熟悉不同企业下收入确认的会计准则，这样便于为后面的分析提供更加明确的着力点。下面着重分析企业营业收入这一科目：

营业收入作为企业重要的利润来源，会在很大程度上决定企业发展的持续性。因此，营业收入质量分析尤为重要。下面从三个维度详细分析企业的营业收入。

老张："老李，你知道如何看营业收入吗？"

老李："这很简单啊，不就是企业的产品或服务卖了多少钱吗？"

老张："可没你说的那么简单。"

老李："那么应该如何去分析更准确？"

老张："可从3个维度入手。具体来说，只需知道企业卖什么、卖给谁、靠什么。这三大问题搞清楚了，得出的判断才不会产生大的偏差。"

❶ 卖什么：企业主营业务构成分析

为分散经营风险，企业大多会选择从事多种不同类型的商品或劳务的经营活动。在此情况下，企业不同品种商品或劳务的营业收入如何构成对信息阅读者来说具有重大意义：占比收入大的商品或者劳务是企业目前业绩的主要增长点，而企业的销售产品或者劳务结构的变动率往往会传递出行业市场环境的变化、企业经营战略的调整、产品竞争优势的变化等信息。

信息使用者可以通过财务报表对体现企业主要业绩的商品或劳务的未来发展趋势进行深入分析，判断企业业绩的持续性，也可以通过企业产品结构变化来判断企业是否增加了新的利润增长点，进而判断企业的未来成长性。但需要指出的是，如果企业对某一类产品或者某一类服务的依赖程度过高，那么企业对某些外界因素的变化会十分敏感。比如，宏观经济发展情况、产业政策支持力度、国家补贴等因素的变化可能会引起企业营业收入的急剧变化。

企业持续盈利能力的能否保持，取决于战略、管理、技术、市场、服务等因素形成的企业综合竞争优势，对企业营业收入的品种构成及其结构变化进行分析，有助于分析者找出决定企业竞争优势的关键主导力量，并结合行业发展特征来判断企业的发展前景。

>> 案例：伊利股份聚焦主业发展强劲

伊利股份是一家主要经营液体乳及乳制品和混合饲料制造业务的公司。公司的主要产品有液体乳、冷饮系列、奶粉及奶制品、混合饲料等。该公司是国家520家重点工业企业和国家八部委首批确定的全国151家农业产业化龙头企业之一，公司下设液态奶、冷饮、奶粉、酸奶和原奶五大事业部，所属企业80多个，生产“伊利”牌雪糕、冰激凌、奶粉、酸奶等1 000多种产品，均通过了国家绿色食品发展中心的绿色食品认证。

目前，伊利股份已成为国内年销售过百亿的两家奶制品生产企业之一。

伊利股份能发展得如此之好，是因为随着国民收入的提高，对营养类食物产生强大的市场需求，伊利股份正是看到了庞大的市场潜力，经过近10年的扩张，聚焦主业，不断延伸产业链，通过世博会、奥运会大力营销，从产能到品牌，从品种单一到多元化产品，从国外引进到自主研发，伊利股份的每一步发展都表现出战略与战术的密切融合。

❷ 卖给谁：企业营业收入的区域与客户构成

在企业为不同地区的客户提供产品和劳务的情况下，企业在不同地区或劳务的营业收入构成对信息使用者也具有重要价值：在总收入中占比较大的地区是企业业绩的主要支撑点。从消费者的心理和行为偏好来看，不同地区的消费者对不同品牌的商品具有不同的偏好，而品牌知名度在不同地区的影响力不同，也会在很大程度上制约企业的未来发展。

具体来说，在分析中要考虑以下几个方面：

第一，要分析地区的经济发展后劲与企业未来发展前景的关系，考虑地区的经济总量、经济结构的调整对企业未来市场的影响；

第二，要分析地区的政治经济环境，若特定地区政治经济环境的不确定因素比较多，如决策者的更迭，特别是地区经济政策的调整等，则会对企业原有的发展惯性有较大的影响；

第三，要分析国际政治经济环境的变化，如战争导致的某些地区的常年动荡，金融危机导致的某些地区经济发展停滞等。

看企业营业收入的主要客户构成，可以知道企业对大客户的依赖程度高不高。对不同区域营业收入的研究，可以了解企业未来的地域扩张在哪里，以及目前扩张的难点在哪里。通过这些分析可以灵活确定相应的策略予以应对。

❸ 靠什么：是否靠关联方或者行政手段获取收入

（1）分析关联交易收入在总收入中所占比重。在企业形成集团化经营的条件下，集团内各个企业之间就有可能发生关联交易，由于关联方之间的密切联系，关联方之间的交易也有企业间正常交易的成分。但是，信息使用者必须关注以关联方销售为主体形成的营业收入在交易价格、交易实现时间等方面的非市场因素。

（2）分析部门或地区行政手段对企业营业收入的贡献程度。由于历史原因，部门或地区行政手段对我国企业营业收入的影响是客观存在的。应该说，对于新兴战略产业，在早期阶段，部门或地区的行政手段支持必不可少。不过，在企业经过一段时间发展已经趋于成熟稳定，或者企业所处的行业已经达到一定规模后，部门或地区行政手段的影响应该逐步淡化。而随着部门或地区行政手段的退出，企业的利润短期内可能会受到影响。企业要想建立起强大的核心竞争力，勇于在市场大潮中经历残酷考验是必经之路。

目前，虽然中国已经跃升为全球第二大经济体，但仍然是一个发展中国家，很多新兴战略产业需要政府的产业政策和资金扶持，因此一些处于孵化期的企业要想生存下来就离不开政府的补贴，一些自身竞争力暂时还不够强大的企业，政府补贴成了救命稻草。在分析此类企业时，一定要密切关注国家相关产业政策的变化。还有一些企业，因为集团内部结构复杂，关联交易收入占比非常大，对这样的企业一定要密切关注营业收入是否正常，因为关联交易收入占比较大的企业一旦出现问题，后果将无法想象。

第三节 营业成本应该拆开来看

小李是一家小公司的副总，负责管理公司的销售部门，因为经常要出差，还涉及招待客户等支出，每次回来都要报销各种费用，但他根本不会填写报销单，对于名目繁多的费用类项目一看就头大。其实，要搞清楚这些科目，把相关项目进行拆解就容易懂了。

费用类项目是指企业的一般开销项目，如营业成本、管理费用、财务费用、销售费用、营业外支出、所得税费用等。

成本是指企业为生产产品、提供劳务而发生的各种耗费。

费用是指企业为销售商品、提供劳务等日常活动所发生的经济利益的流出。企业应当将当期已销产品或已提供劳务的成本转入当期费用。

老李："老张，费用类是一个比较繁杂的科目，对于公司报表中的项目费用，普通投资者应该如何分析呢？"

老张："首先应该进行分类，将不同的开销分别归类于不同的科目。"

老李："有哪些项目需要重点分析？"

老张："可在营业成本、管理费用、财务费用、销售费用等科目方面多花点功夫。"

老李："重点科目不少啊。"

老张："是的。还有，在分析上述科目时，质量分析是核心。"

一、营业成本

营业成本是指与营业收入相关的，已经确定了归属期和归属对象的成本。对于不同类型的企业，营业成本有不同的表现形式。比如，在制造业或工业企业，营业成本表现为已销售产品的生产成本；在商品流通企业，营业成本表现为已销售商品的进货成本。

工业企业产品销售成本是指已售产品的实际生产成本，是根据已销产品的数量和实际单位成本计算出来的。在实际情况中，往往是每月末汇总销售成本后一并结转，而不是在每次发出库存产成品时立即结转产品销售成本。

已销商品的成本，即商品采购成本，是商业企业为销售商品而在采购时支付的成本。商品采购成本又分为国内购进商品成本和国外购进商品成本。国内购进商品成本包括国内购进商品的原始进价，即实际支付给供货单位的进货价款、购入环节缴纳的税金和国内购进商品并已出口所收取的退税数；国外购进商品成本包括企业支付的进价、进口商品缴纳的税金、购进外汇价款以及支付给委托代理进口单位的海外运保费。

值得注意的是，营业成本质量分析至关重要。

老李："老张，营业成本在不同类型的企业中有区分，是吗？比如地产公司和科技公司。"

老张："是的。营业成本在不同类型的企业中有不同的表现形式。地产公司的销售成本可能相对较多，而科技公司的研发成本更多一点。"

老李："如果对不同行业的公司行业特点了解不多，那么该怎样判断营业成本的质量呢？”

老张：“企业营业成本的质量，应该关注10个方面。比如营业成本计算是否真实，会计核算方法是否合理，等等。”

对于不同类型的企业，营业成本有不同的表现形式。在制造业或工业企业，营业成本表现为已销售产品的生产成本；在商品流通企业，营业成本表现为已销售商品的进货成本。

从企业利润的形成过程来看，企业的营业收入减去营业成本后的余额为毛利。企业必须有毛利才可以谈发展，只有有了毛利的企业才能形成核心利润。因此，追求较高的毛利率是企业必须考虑的。但需要注意的是，企业的营业成本水平的高低，有企业不可控的因素（例如受市场因素的影响而引起的价格波动），也有企业可以控制的因素（例如可以通过供货渠道的选择，批量采购压缩进货价格），同时应该提防通过会计核算的人为处理使得利润看起来好看。

基于上述因素，对营业成本的质量评价，应该关注以下10个方面：

（1）营业成本计算是否真实?

（2）会计核算方法是否合理（如存货计价方法、固定资产折旧方法选择是否恰当等）?

（3）会计核算方法当期有无变更等，营业成本是否存在异常波动?

（4）导致异常波动的原因是什么?

（5）哪些是可控因素?

（6）哪些是不可控因素?

（7）哪些是暂时性因素?

（8）哪些可能影响企业的长远发展?

（9）关联交易或行政手段对企业低营业成本的影响如何？

（10）公司能否可持续发展？

二、期间费用

老李：“老张，我看一些财务表中还有期间费用这一项，那么期间费用是指什么呢？”

老张：“期间费用是指只能直接或间接归属于某个特定对象的费用，这个费用不受企业产品产量或商品销售销量增减变动影响。”

老李：“期间费用具体包含哪些内容呢？”

老张：“我国把期间费用分为管理费用、销售费用和财务费用。这三者共同构成了期间费用。”

老李：“这3种费用具体内容有哪些呢？”

老张：“这个内容繁多，不同公司也有区别。比如，仅管理费用就包括业务招待费、研究支出、工会经费、咨询费、诉讼费等，对于具体项目内容可继续往下看。”

期间费用是指不受企业产品产量或商品销售销量增减变动影响，不能直接或间接归属于某个特定对象的各种费用。对于这些费用容易确定其发生期间和归属期间，但很难判别其归属对象，因而在发生的当期应从损益中扣除，我国把期间费用分为管理费用、销售费用和财务费用。

❶ 管理费用

管理费用是指企业行政管理部门为管理和组织企业生产经营活动而发生的各项费用支出，包括由企业统一负担的管理人员的职工薪酬、差旅费、办公费、劳动保险费、职工待业保险费、业务招待费、研究支出、董事会会费、工会经费、职工教育经费、咨询费、诉讼费、技术转让费等。

❷ 销售费用

销售费用是指企业在销售商品和材料、提供劳务的过程中发生的费用。一般包括：应由企业负担的运输费、装卸费、包装费、保险费、销售佣金、差旅费、展览费、广告费、租赁费、销售人员的职工薪酬以及专设机构的经常性费用。

❸ 财务费用

财务费用是指企业为筹集生产经营所需资金等而发生的费用。主要包括：企业生产经营期间发生的利息支出（减利息收入）、汇兑损失（减汇兑收益）、金融机构手续费以及筹资发生的其他财务费用等。

利润表中的“财务费用”反映的是利息收入、利息支出以及汇兑损失的净额，因而其数额可能是正数，也可能是负数。如果是正数，则表明为利息、融资净支出；如果为负数，则表明为利息、融资净收入。

三、期间费用质量分析

费用是为实现收入而发生的资源消耗，按功能可以分为营业成本和期间费用。简单地说，营业成本是对象花费的费用。对于制造业来说，营业成本主要包括所售商品的进价或者生产成本，而期间费用一般包含销售费用、管理费用和财务费用 3 个项目，是企业为了维持当期的正常运营而发生的各种开支和消耗。费用质量分析应强调两个方面。

（1）分析费用质量，不能只强调费用发生的绝对值规模，更应该关注的是费用发生后所带来的效益。相当多的费用在规模上都不会有很大波动，所以不能简单地通过压缩规模来控制费用。有些费用如促销型广告费、研发费、人力资源开发费等，虽然可以任意改变其发生的规模，但其规模上的压缩往往会直接影响企业的发展前景。所以在费用控制方面，不要片面强调节约和压缩，而应该强调效益，不要追求费用最小化，而要追求成本的效益最大化。

（2）分析费用质量，应关注费用对人的行为和心理所产生的影响。适当的费用宽松可以调动员工工作的积极性、创造性和忠诚度，对企业是有益的。否则，得到控制的仅仅是费用的发生规模，而其结果会导致企业效益和效率更大幅度的下降。

❶ 销售费用质量分析

从销售费用的基本构成来看，有的与企业的业务活动规模相关，如运输费、装卸费、整理费、展览费、差旅费、销售佣金等；有的与企业从事销售活动人员的待遇有关，如销售人员的职工薪酬等；也有的与企业的未来发展、开拓市场、扩大企业品牌的知名度等有关，如广告费和促销费等。从管理层对上述各项费用的有效控制来看，尽管管理层可以对如广告费、营销人员职工薪酬等项目采取各项控制措施，但这种控制会对企业的长期发展不利，同时也会影响有关人员的积极性，因此，企业的销售费用不可以盲目降低。

对销售费用的质量分析，应着重分析以下几个要点：

（1）计算销售费用与营业收入和核心利润的比率，通过对同行业其他公司的比较以及企业历史年度的比较，结合行业竞争状况和企业在销售费用控制方面的举措，考察销售费用支出的有效性。

（2）分析销售费用中诸如广告费、促销费、展览费等科目具有重要意义，因为这些费用的支出很大程度上决定了企业对市场的控制程度，在渠道上的布局越深，对企业的未来发展越有利。

（3）如果一家公司的销售费用在某一年度开始大幅增长，那么首要分析的就是企业所在行业处在一个什么样的境况下。如果行业属于快速增长型行业，那么过多地投入销售费用将会为公司营业收入带来质的提升。与此同时，还需要警惕销售费用变动的合理性，关注是否有人为操纵的迹象。

老李：“老张，我在看一些公司的财务报表时，发现不同公司的销售费用差别较大，这是怎么回事？”

老张：“这是正常现象，不同公司对于销售的投入不同，就像有的公司重研发，有的公司重生产，有的公司侧重于销售。”

老张：“如何通过销售费用来判断一家公司到底侧重于哪方面呢？”

老李：“需要根据销售费用结构进行具体分析，请看下面某上市公司的销售费用结构以及分析结果。”

表 3-3-1 所示为某上市公司某一时期销售费用的大致组成结构，职工薪酬、广告营销费和装卸运输费占比 80% 以上，将如此大的资金放在产品营销上，可以从侧面反映出企业比较重视营销推广，品牌实力比较强。

表 3-3-1　某上市公司销售费用结构

单位：元　币种：人民币

项目	本期发生额	上期发生额
职工薪酬	2 893 198 172.75	2 569 718 336.22
折旧修理费	105 208 793.19	102 043 836.02
差旅费	266 297 966.27	238 826 333.08
物耗劳保费	20 246 316.90	16 036 255.48
办公租赁费	201 227 403.27	200 899 974.48
广告营销费	8 206 472 750.52	7 634 186 461.54
装卸运输费	3 766 255 950.04	3 288 035 083.36
其他	62 955 149.40	64 570 249.47
合计	15 521 862 502.34	14 114 316 499.65

❷ 财务费用质量分析

财务费用的内容主要包括：企业生产经营期间发生的利息净支出、汇兑净损失、金融机构手续费以及筹资发生的其他财务费用。其中，经营期间发生的利息支出构成了企业财务费用的主体。而企业贷款利息水平的高低，主要取决于 3 个因素：贷款规模、贷款利息率和贷款期限。

（1）贷款规模：企业贷款规模的降低可以导致计入利润表的财务费用下降，

从而增加企业的当期利润。但是，我们更应关注贷款规模下降的恰当性，即是否与企业经营战略调整相适应，是否与企业未来的资金需求相适应，是否有可能因贷款规模的降低而限制了企业的未来发展。

（2）贷款利息率和贷款期限：贷款利息率决定了一个企业的经营成本，从整个宏观经济出发，资本供求关系、贷款规模、担保条件和信誉等因素决定了企业贷款利息的高低。利率的选择方式一般有3种，固定利率、变动利率和浮动利率。企业在运用有息借款时有许多因素需要考量，有些因素属于宏观系统性风险，而有些因素在于企业自身能否处理得当。在具体分析中，应当关注自身可控性风险，了解企业贷款利率升降背后揭示的融资环境、企业信誉等方面的变化，而对企业因贷款利率的政策下调等不可控因素导致的财务费用的变化就需要想其他办法应对。

❸ 管理费用质量分析

老张：“老李，如果要更加准确地分析企业更加侧重于研发还是生产销售，对于管理费用表的内容你也需要了解。”

老李：“管理费用的项目好复杂，能不能简要讲讲？”

老张：“请看下面这张公司年报附注的管理费用相关科目。”

老李：“研究这些科目有什么作用？”

老张：“通过研究管理费用比例，可以帮助公司发现企业可能存在的问题。”

管理费用的项目比较庞杂，对其进行质量分析的难度很大。总体而言，有些项目的支出规模与企业规模有关，对其实施有效控制可以使企业管理效率提高，而对有些项目的控制和压缩反而会对企业的长远发展产生不利影响，如企业研发费、职工教育费等。

表 3-3-2 所示为某上市公司某一年度年报附注中管理费用的相关科目，这些科目给人的第一感觉就是杂，面对如此众多的科目我们需要重点考察职工薪酬、折旧管理费、研发支出等项目的绝对数额，折旧管理费代表公司固定资产的新旧程度，而研发支出代表企业未来的增长点或者竞争优势等。其中，有些费用的适当压缩，可节约成本开支，比如差旅费等。而研发支出则是不能轻易压缩的。相反，要想增强企业的竞争力，这一块的费用应该加大支出力度。

表 3-2-2　某公司年报附注中管理费用相关科目

单位：元　币种：人民币

项目	本期发生额	上期发生额
职工薪酬	1 365 335 411.95	1 522 883 424.34
折旧修理费	1 078 581 246.31	1 071 946 451.99
差旅费	140 502 775.11	134 889 624.04
物耗、劳保费	36 684 600.81	36 349 417.20
办公租赁费	93 693 568.59	96 085 742.76
咨询审计费	94 040 432.44	74 928 918.69
无形资产摊销	16 283 008.64	27 301 789.78
税费		70 293 794.93
生物资产损失		9 040 958.27
研发支出	209 165 263.62	171 962 177.71
其他	282 762 437.00	240 983 728.70
合计	3 317 048 744.48	3 456 666 028.41

第四节　利润质量应该辩证地看

在企业管理和股票投资实践中，有些公司看起来利润可观，但对于这些利润来自主业还是副业、生产还是投资、质量如何等问题，必须有一个清晰准确的了解，才能有助于我们做出正确的决策。

对利润结构质量分析主要关注如下 4 个方面的内容：

第一，企业利润自身的结构所包含的质量信息；

第二，企业利润的结构与相应的现金流量机构之间的对应关系；

第三，企业利润结构与资产结构之间的关系；

第四，企业利润操纵的一般性问题。

老张："老李，利润是一个企业赖以生存和发展的源泉，需要重点关注！"

老李："都说利润表是几大报表中最简单的一张表，只需要关注利润额就可以了。"

老张："企业经营得到的利润和财务报表中的利润不是一回事儿。"

老李："这两种利润有什么样的差别呢？"

老张："财务报表中的利润有很多可以操纵的地方，所以对利润需要辩证地看。"

老李："有什么方法可以识别这样的陷阱呢？还有，有些企业发展平稳，突然某一年度大幅亏损，这是咋回事？"

老张："需要侧重分析企业的利润质量及利润与现金流的关系，更要看重企业利润与资产质量的关系。企业质量恶化说明企业经营遇到了困难，之前一定有利润恶化的蛛丝马迹，务必仔细查看。"

一、利润自身结构的质量分析

❶ 毛利率的相对水平及其走势

根据我国的会计准则，利润表的毛利是将营业收入减去营业成本得出来的，毛利率则是将毛利除以营业收入得来的。行业毛利率的平均水平会在很大程度上反映出所处行业的基本特征，如行业的竞争情况、行业的成熟程度等，而毛利率的相对水平又会在一定程度上反映企业产品在行业内的竞争力，同时产品的竞争力又是企业核心竞争力的重要决定因素。因此，分析毛利率的水平和走势非常重要。

老李："老张，企业毛利率是否代表了企业产品的竞争力？"

老张："不完全是这样的。企业拥有较高的毛利率，其原因可能是生产经营的产品在行业中具有领先的地位，但也可能是一些经济周期出现毛利率波动的情况。"

老李："波动周期通常是多少呢？很多公司经常在几年内就出现业绩变脸，这是怎么一回事呢？"

老张："通常行业的变化周期在5年以上，互联网相关行业可能变化更快，周期更短。如果不是因为突发状况，那么公司短期的业绩变脸可能是因为企业通过年报'洗大澡'的方式进行了利润调整。"

老李："'洗大澡'是什么意思？"

老张："'洗大澡'，简单来说就是把今年的利润通过一些方式缩减，然后在明年把利润补回来。虽然公司总利润不会发生变化，但明年公司的财务情况就会变得非常好看了。公司的经营情况如果不是因突发情况而发生变化，那么基本会是一个渐变过程，而短期出现巨变，很可能就是有人操纵利润变化，我们尤为要注意这种人为调控的方式。"

如果企业拥有较高的毛利率，那么可能有以下几种原因：

第一，企业所从事的产品经营活动具有垄断地位，有较深的护城河。在这种情况下，应该持续关注行业或公司的竞争力能持续多久。

第二，企业所从事的产品经营活动由于各种原因有很强大的核心竞争力，这样的企业多数为行业龙头，投资者应该关注企业做出什么样的措施，保持企业的核心竞争力。

第三，企业所从事的产品经营活动由于行业周期性的波动而导致的毛利升高，在这种情况下，更应该关注行业的周期性波动。

第四，企业由于盲目生产产品导致产大于销、存货积压导致毛利率升高。在这种情况下，应该关注企业的产品生产决策是否基于市场的未来需求以及是否是纯粹的决策失误。

第五，会计操纵，人为地调高毛利率，在这种情况下，应该关注会计师的审计意见类型。

如果企业的毛利率较低，那么可能是以下几种原因导致的：

第一，企业产品的生命周期进入了衰退期，在这种情况下，通常会伴随着全行业毛利率的普遍下滑，这时我们应该关注企业在产品转型、产品开发、降本增效等方面实行的举措。

第二，企业产品的品牌、质量、成本控制和市场价格在市场竞争格局下处于劣势，我们应该关注企业的核心竞争力到底体现在哪些方面，及其未来的发展前景。

❷ 企业自身经营活动的盈利能力

在以产品经营为主的企业，核心利润应该成为企业一定时期的利润主体，因为核心利润是企业自身经营活动盈利能力的综合体现，可以更恰当地分析与评价企业核心能力的发展态势、行业所处的竞争地位及竞争实力，由此预测企业业绩的未来走势。同时，还可以通过考察核心利润及核心利润率年度间的非经营性变化，发现企业在毛利率、销售费用和管理费用等项目可能存在的会计调整因素。

❸ 企业对核心利润进行操纵的手段及对利润质量的影响

操纵利润是企业为了使自己的财务报表好看惯用的手段，通过粉饰等方法实现对利润的改善。企业夸大利润对自身有很大益处，因此给了企业操纵的动机。为了准确识别公司利润的真实含金量，识别财务中常用会计粉饰手段显得尤为重要。由于在会计核算中，对收入和费用采取权责发生制，所以使得利润操纵有了很大的主观判断性。一般情况下，企业进行利润粉饰通过以下方式进行调节：

（1）调节资产转化为费用的时间。比如，已经完工的固定资产迟迟挂在在建工程科目内，使得计提折旧时间大大延后，从而使得公司的利润增厚；将固定资产折旧期限进行人为延长，从而使得每个会计年度摊销的金额大幅缩小，以达到降低成本的目的；通过对企业营业成本、存货的一些激进处理，达到降低成本的目的，来调控生产成本以及公司的利润水平。

（2）关联交易是会计操纵粉饰的高发区域，用高于市场的价格将产成品出售给关联方，以低于市场的价格从关联方购入所需原材料以达到虚增利润的目的。

（3）对应计费用推迟入账。

（4）对收入的入账时间进行人为操纵。

企业虽然可以通过利润操纵来提升某一年度的核心利润指标，但由于与核心利润相对应的经营活动现金净流量很难被人为操纵，这样就会导致两者之间差异增大，从而降低企业利润的含金量。另外，由于采用上述种种操纵手段提升业绩，更多的是将企业利润在年度间进行人为的重新安排。

二、企业利润结构与现金流量结构之间的对应关系

通过对企业利润结构与相应的现金流量结构之间的对应关系进行分析，可以判断企业利润结构的现金获取质量。在实战中，我们应该主要关注如下两个方面。

❶ 核心利润产生现金净流量的能力

核心利润是企业开展自身经营活动所赚取的经营成果，因此通过与经营活动产生的现金流净额进行比较，就可以反映出核心利润产生现金净流量的能力。

二者在计算口径下有些差异，因此需要进行调整：

同口径核心利润＝核心利润＋固定资产折旧＋摊销费用＋财务费用－所得税费用

之所以对利润表中的核心利润进行若干调整，用同口径核心利润与现金流量表中的经营现金流量净额进行比较，而不是用核心利润进行比较，是因为利润表中的核心利润在计算时减除了当期的固定资产折旧、摊销费用等一些非付现费用和属于筹资活动范畴的财务费用，但没有减除企业的所得税费用。而在现金流量表中，经营活动产生的现金流量净额在计算时并不减除上述非付现费用，却减除了企业实际缴纳的所得税。

值得注意的是，企业支付的利息，在现金流量表中是作为筹资活动产生的现金流出项目，与企业的经营活动没有直接关系，因此只有将企业利润表中的核心利润调整为同口径核心利润，才能使得利润表中的数据与现金流量净额数据大体相当，如果差距过大，就应该分析产生如此大差距的原因。可能的原因有以下几种。

（1）企业回款周期很长，应收账款坏账率很高，导致公司经营现金流恶化。至于应该如何判断公司的现金流好坏，可以通过以下方面来进行：通过公司历年营业收入、应收账款、应收票据的规模以及商业负债（应付账款和应收票据）的规模变化情况来说明公司的经营情况是否出现问题，并且可以初步判断企业的销售回款是否正常。

（2）企业付款出现不利于现金流量表中经营活动产生的现金流量净额增加的变化。

（3）企业存在不恰当的资金运作行为。例如，某些企业的“支付的其他与经营活动有关的现金流量”金额巨大，说明其他活动成了主流活动。

（4）企业报表编制有错误。不过，这类情况在上市公司中很少见。

（5）关联交易始终是财务报表阅读者不可忽视的重要环节，如果企业大部分的经营活动是通过相关经营活动来实现的，那么不论是在核心利润的各个要素（如营业收入、营业成本、销售费用、管理费用等）的确认上，还是在各项经营活动的现金流量的流出规模与时间的控制上，均具有较强的操纵性。在这种情况下，同样难以按照一般报表的逻辑关系进行分析。简而言之，对关联交易占比很大的公司应该保持充分警惕。

❷ 投资收益产生现金流入量的能力

老李：“老张，我看财务表中企业的收益中还有一项投资收益，它一般是指什么呢？是否非投资公司也可以像个人一样进行投资？”

老张：“投资收益就是公司利用自有资金进行投资获得的收益，一般上市公司会有一些投资项目，并购重组实际上也算是一种投资。”

老李：“明白了，企业也会把多余的资金运转起来。”

老张：“是的，通常企业的资金成本较高，资金量大，如果不想办法将这些资金进行合理的利用，就是一种资源浪费了。”

通常情况下，企业的投资收益有如下几个来源渠道：

（1）金融资产处置收益。

（2）金融资产持有期取得的利息和股利收益。

（3）长期股权投资转让收益。

（4）权益法确认的长期股权投资收益。

（5）成本法确认的长期股权投资收益。

如果一个企业以长期股权投资和长期债权投资为主，同时在一个完整的会计年度没有发生任何投资转让的情况，那么与本期投资收益相对应的现金应回收金额，为现金流量表中取得投资收益收到的现金，加上年末资产负债表应收股利和应收利息之和，减去年初应收股利和应收利息之和。

总的来说，权益法下企业确认的投资收益从本质上来说应该永远大于该笔投资所确认的现金应回收金额。其实原因很简单：被投资企业是不可能将所有企业所得利润全部分给股东的。

值得关注的是，权益法下确认的投资收益有些是虚幻的，不会给企业带来实际的现金流入，就是通俗所说的泡沫资产和泡沫利润。这些泡沫利润不会导致企业的资产或者现金增厚，反而可能会为企业未来发展带来巨大的隐患，因为一旦泡沫破裂，这些没有现金支付能力的资产和利润将会是风险的高发区。所以，应该特别关注投资收益巨大、现金回款不足所引起的泡沫利润和泡沫资产情况。

值得庆幸的是，由于现行会计准则已经注意到了企业泡沫资产产生的原因，并因此找到了具体的解决办法，即对子公司的投资由原来的权益法改成按成本法核算，只有在子公司分派现金股利的情况下，母公司才能将取得的现金股利确认为投资收益。这样一来，泡沫利润和泡沫资产的情况将会消失，更能真实反映企业投资收益现金流量问题，从而极大地改善相关利润和质量。

在年内有投资转让的情况下，由于投资收益中所包含的投资转让收益一般会最终带来现金流入。因此，只需要重点考察按成本法和权益法确认的投资收益以及利息收益产生现金流入量的能力。具体做法是，将扣除投资转让收益后的投资收益与现金应回收金额比较。

三、企业的利润结构与资产结构之间的对应关系

资产负债表要求投资者关注资产的真实价值，按照现行会计准则所确定的

利润，应该是建立在资产真实价值基础上的资产利用效果的最终体现，应该更加体现企业资产在价值转移、处置以及持有过程中的增值质量。因而，现行会计准则下利润质量与对应的资产质量会更加密切相关，资产增值将成为企业投资人、经营管理者以及其他利益相关者共同追求的目标，是企业持续发展的必然要求。

老李：“老张，我听很多人说资产增值质量分析非常重要，那么它就是会计对企业资产的认证分析吗？”

老张：“可以这样理解。资产增值质量分析就是对企业资产增量的确认，检验其含金量。”

老李：“资产增值质量分析对投资者来说有什么作用呢？”

老张：“通过资产增值质量分析，可以对企业资产管理、利润操纵等方面作出判断。资产增值质量分析可以防止一些虚假的资产增值出现。”

实践中，利润结构的资产质量增值质量分析有如下 3 点：

❶ 经营性资产的增值质量分析

经营性资产报酬率是判断是否增值的重要指标，除了一般的所谓纵向比较和横向比较，还需要注意经营性资产的不同分类将会对利润贡献存在很大不同。例如，从事多元化经营的企业其业务收入的来源会有多种途径，每一种途径对利润的贡献方式大不相同。因此，需要特别关注经营性资产的分类对利润的不同影响。

❷ 投资性资产的增值质量分析

投资性资产报酬率是判断是否增值的重要指标，除了一般的所谓纵向比较和横向比较，还应该考虑多种类投资性资产的区别分析，因为投资性资产有多种，其中包括交易性金融资产和非流动资产中的诸多形态的投资性资产，不同形态的投资性资产产生的投资收益在确认和计量方法上存在较大差异，如金融资产处置收益、长期股权投资转让收益以及成本法、权益法确认的投资收益等，因此，应特别关注不同投资性资产在利润确认方面的差异。

❸ 资产管理和利润操纵倾向

通过比较广义投资收益与投资性房地产、狭义营业利润与经营性资产之间的相对盈利能力差异，可以对企业的资产管理、利润操纵等方面作出判断。

（1）如果企业对外投资获得的利润与公司经营所获得的利润大体相当，那么在这种情况下，可以大致认为其管理效率相当，但其中也涉及不突出主业的问题，公司的管理活动在这样多元化经营的问题上，资产的利用效率以及自身主营产品的市场规模是否会受到影响还有待考证。

（2）投资性资产获得的利润远远高于自身业务利润。投资的收益高于企业主营业务的收益本身就是一个问题。试想，如果一家企业没有突出的主营业务那么未来应该如何生存？在这样的情况下，企业不得不反思自身经营业务的盈利能力如此低，其原因到底在哪里？是否是经营性资产中存在存货积压、不良资产高、产品竞争力不强等原因。在管理上，企业应该采取什么样的措施来提高经营效率，若上述都没有问题，则应该适当质疑超额投资收益的真实性，核查是否存在巨大的虚假和泡沫成分，企业的泡沫利润虽然可以填充企业近期的财务业绩，但对企业未来发展有很大的制约性。

（3）公司主营业务利润远远大于投资所获得的利润。这样的情景是企业稳健发展的必然结果，应该重点关注企业在市场中保持行业地位的持续性。

四、对利润结果的质量分析

从结果来看，企业利润各项目均会引起资产负债表项目的相应变化：企业收入的增加，对应资产的增加或负债的减少；费用的增加，对应资产的减少或负债的增加。这就是说，对企业利润质量的分析，也要关注企业利润各项目所对应的资产负债表项目的质量。

从利润主要项目所对应的资产负债表项目来看，主要涉及货币资金、应收账款、应收票据、其他应收款、存货、长期股权投资、固定资产、无形资产等，对这些项目的质量分析，读者可参阅资产负债表的有关内容，根据其数值变化进行判断。

五、利润质量恶化的主要表现

老李："近几年很多公司出现爆雷的情况，动不动就亏损几十个亿，康美药业还说财务漏记了300亿元，太夸张了。我应该怎样去避免踩雷呢？"

老张："通常企业利润质量出现恶化有几种表现。其中一种表现是企业快速扩张，发展的速度过快，一旦企业的项目不如意或者资金量出现了断裂就容易出现崩盘的情况。你之前买的乐视网就是这样的原因。"

老李："哎，别提了，都快退市了。"

老张："如果企业蓄意缩减日常支出，那么你要注意公司的经营是否出现了问题。日常支出通常对公司来说是有利支出，支出越多，通常企业的发展越顺利。"

老李："企业经营出现问题还有其他特征吗？"

老张："还有一种表现是变更会计政策和会计估计，如果发生了这样的事情，那么说明企业有可能想要对财务报表进行粉饰，要注意这一点。还有一系列的方法，简单说就是企业财务出现某些数据的大变动，或者出现审计机构出示有保留意见、否定意见以及拒绝出示意见等情况，这些情况很可能表明公司的经营出现了问题，要非常小心。"

老李："原来这里面竟然有这么多门道！"

❶ 企业快速扩张

企业发展进入瓶颈期以后，必然在主营业务规模上、业务种类等方面寻求对外发展，在企业初始发展阶段，企业有自己赖以生存的基础领域。正是因为在自己业务上获得巨大成功，企业才有了向外发展的基础。但是企业多元化经营必然会出现问题，就是企业对其他领域的开拓不论在技术上、管理上还是在市场方面，都有一个逐步适应、探索的过程。如果企业在一定时期内扩张太快，涉足的领域过多过宽，那么企业的流动资金必然会受到严峻挑战，一旦企业的投资项目不如人意或者出现巨大亏损就很可能导致企业陷入困境，所获利润的质量就可能会出现恶化的迹象。

❷ 企业收紧日常支出

日常支出是指企业管理层可以通过自身决策来改变其发生规模，如研究和开发支出、广告费支出等。在前面的分析中已经指出，此类支出一般情况下对企业的未来发展非常有利。如果日常支出规模相较于以前年度出现大幅降低的情况，就可以被认定为蓄意压缩日常支出。这有可能是企业为了避免当期利润规模大幅下降而蓄意降低酌量性支出或推迟其发生的时间，这种迹象一般预示着企业发展遇到了困境。企业销售费用、管理费用等费用类科目支出大幅降低。每个企业的销售费用、管理费用等期间费用基本上可以分为固定和变动两部分。其中固定部分主要是指不随企业业务量变化而变化的费用，而变动费用是指那些随企业业务量变化而变化的费用。这样，企业各个会计期间的总费用还是会呈现出随企业业务量变化而变化的费用。当业务量增加时，三费一般会同比增加，而当主营业务收入下降时，企业为了改变这种局面，往往会想一些改进办法来进行改善，比如，广告费、促销费、新产品研发费等支出的增加。可见在企业正常的发展过程中，大规模地降低期间费用的发生水平是有难度的。

当然，企业采取有效的成本费用控制措施会带来一定程度的费用降低，但如果这种降低缺乏持续性而仅仅是在某一期间出现异常降低的情况，那么往往就是企业出现困难的先兆，当然也有可能是企业为缓解业绩恶化而采用人为操纵的手段所带来的结果。

❸ 企业变更会计政策和会计估计

一般来说，由于企业取得新的信息，企业赖以进行估计的基础发生了变化，或者整个会计准则发生重大变化，或者企业出于利润粉饰的动机，企业都可能会对会计估计进行修订或变更。然而，企业也有可能在不符合会计准则要求的条件下变更会计政策和会计估计。此时的目的就有可能是粉饰企业的利润。在企业面临不良经营情况时，如果企业所做的会计政策和会计估计的变更恰恰有利于企业账面利润的改善，那么这种变更便可以成为企业利润质量恶化的一种信号，尤其是企业管理层曾经有过利用会计手段粉饰财务业绩的前科时更是如此。常见的利润粉饰手段有降低折旧率、降低存货计提比率、降低应收账款坏账比例等。

❹ 应收账款收账期大幅延长，应收账款规模增长异常

应收账款是因企业赊销而引起的债权。在企业赊销政策一定的条件下，企业的应收账款规模应该与企业的营业收入规模保持一定的对应关系，即应收账款增速与营业收入增速保持一致。企业的应收账款平均收账期较以前年度波动应该不大。值得一提的是，企业应收账款规模还与企业在赊销过程中采用的信用政策有关（尤其是对那些产品在市场上可替换性强、市场竞争激烈的企业）：放宽信用政策（放松对顾客的审查，放宽收账期）虽然会刺激营业收入的增长，但同时也会增加应收账款的规模，延长应收账款平均收账期，增大坏账发生的风险，大幅加大企业的流动性风险。

❺ 企业存货周转率异常

企业存货周转率相较同行业其他公司异常低时，表明企业在产品存货控制或者营销策略上出现了困难。在营业收入规模一定的条件下，存活周转越慢，企业占用在存货上的资金就越多，资金的利用效率就越低。此外，还有可能使企业发生过多的存货损失和存货仓储保管成本。这些因素都会导致企业的经济效益下降，利润质量恶化。

❻ 应付账款规模增加异常、应付账款平均付账期大幅延长

应付账款是由于商业活动而形成的科目，应付账款的规模变化具备很强的指导作用。应付账款规模应该与企业的采购量存在很大相关性，同时与营业收

入的增长也必须匹配。企业的应付账款平均付账期不能有很大波动，如果平均付账期出现异常，但是企业的日常经营活动（购货、销售状况）却保持稳定，同时企业的上游供货商并没有延长信用周期，那么我们需要对这种情况保持警惕，很可能是企业自身内部的经营状况出现了恶化，也就是企业支付能力恶化，资产质量恶化以及利润质量恶化。

❼ 企业无形资产或者开发支出规模的不正常增加

从对无形资产的处理来看，企业一般将当期无形资产产生的支出全部计入当期费用，一般计入发生当期的利润表，冲减利润。也有一些研发性企业，每年需要大量的资金用于研发支出，若全部计入当期费用，则将会大幅调低企业的经营利润。这时，企业一般会选择将研发支出归类为资本支出，这类资本支出将会在以后年度摊销，这种做法可以将当期的利润影响程度降到最低。在资产负债表中，作为无形资产列示的主要是企业从外部取得的无形资产。如果企业出现无形资产或者开发支出的不正常增加，则有可能是收入不足以弥补本应该归属当期的支出，而将部分费用资本化的结果。

❽ 企业利润大部分靠非主营业务支撑

一般来说，企业的利润总额主要由主营利润、投资收益和资本利得 3 部分构成。在实际中，企业的主营业务利润才是企业发展的增长点。但是，在企业出现重大亏损或者重大黑天鹅事件的情况下，企业为了维持一定的利润水平，就有可能通过非主营项目实现盈利来弥补账面利润的不足。例如，企业通过对固定资产出售利得和债务重组收益来增加利润。显然，这类活动所带来的收益是不可复制的。虽然在当期会使企业利润出现大幅增加的情况，造成企业表面虚假繁荣的假象，但是这类增幅通常都是一次性的，不具备持续性，从长期来看这类繁荣难以持续。同理，若企业通过出售优质资产获得巨额一次性收入，则企业未来的发展将会受到强烈冲击。

❾ 企业计提或者折旧的各种减值准备过低

资产负债表中需要计提或折旧的各项资产主要包括应收账款、存货、固定资产、在建资产和无形资产。在财务报表附注中通常会详细分析企业各类资产的计提比例和减值数额。但是企业在计提减值准备时，在一定程度上取决于企业对有关资产贬值程度的主观认识以及企业对会计政策和会计估计的选择结果。在企业期望利润大幅上涨时，一般会选择计提较低的减值准备和折旧费用，这样的结果就相当于把现在应该负担的损失或费用推移到企业的未来会计年度，从而改善企业短期的经营业绩。通过人为操纵来计提过低的减值准备和折旧固然可以改善企业的业绩水平，但这往往也是企业利润质量恶化的表现方式之一。

⑩ 注册会计师（会计师事务所）变更、审计报告出现异常

注册会计师出具的审计意见通常包括标准无保留意见、有保留意见、否定意见以及拒绝表示意见 4 种类型。一般情况下，注册会计师出具标准无保留意见的审计报告，表明企业的会计信息质量较高，会计信息的可信度较高。而如果出现其他 3 种报告中的一种，或者审计报告异常长，带有大量的说明段，含有异常的措辞，提及重要的不确定性，公布期比正常的晚，甚至审计人员发生变化，那么通常表明企业注册会计师出现巨大的分歧，或者注册会计师难以找到相关的审计证据，这很可能是企业利润开始恶化而企业又想极力粉饰的结果。

第五节 关键指标衡量公司盈利质量

无论是企业管理者，还是股东以及二级市场上的投资者，最关心的自然都是企业的盈利能力和盈利质量，但要全面认识这种能力，就必须对相关指标有所掌握，再进行观察分析，而不是只看外表，觉得公司营收和利润都不错，却不知道背后隐藏着哪些风险。尤其是涉及经济利益方面，稀里糊涂绝对不行，搞得不好不仅会失去发展机会，还容易遭遇重大损失，甚至再难翻身。下面重点讲解。

老张："要看懂财务报表，指标分析是一把利剑。"

老李："财务报表的指标太多了，如果全部都懂，不现实啊。"

老张："不用懂每一个指标，只需抓住一些重要的指标分析即可，投资成功的关键，是研究透而不是多。"

老李："具体看哪几个？"

老张："对毛利率、营业利润率、净利润率、资产回报率等几个指标必须搞懂。还有一种比较新的分析方法，也要学会，即百分比法。"

一、比率分析

对企业报表的所有使用者来说，最关心的通常是盈利能力比率，即企业赚取利润的能力，如果有足够的利润，就可以偿还债务、支付股利、进行投资等。评价企业盈利能力的指标有很多，其中最重要的有两类：一类是经营活动赚取利润的能力；另一类是企业的资产对企业利润的贡献。

❶ 毛利率

$$毛利率=\frac{毛利}{营业收入}$$

毛利等于营业收入减去营业成本。毛利率用来计量管理者根据产品成本进行产品定价的能力，也就是企业的产品的竞争力和议价能力，但要注意的是，由于各个行业会计处理方式的不同，产品成本的组成有很大的区别，所以在用这个指标具体分析时要分情况来看。

例如，某家公司销售独立产品（具有品牌、质量、技术和专利优势）采取高价战略，有别于大众产品，获得的毛利率高，但耗时长。销售之初，公司可能采取设计、销售成本较高的策略，例如研发、广告，但这些成本不纳入营业成本之中，因此在毛利润率中全然不见踪影。

❷ 营业利润率

$$营业利润率=\frac{营业利润}{营业收入}$$

营业利润率可用于评价管理层的管理经营能力，是对企业经营能力的直接评价。

❸ 净利润率

$$净利润率=\frac{净利润}{销售收入}$$

净利润率等3个指标在预测股票收益或信用违约方面已经有了广泛的研究。研究发现，通过比率指标在选择投资及预测财务困境方面十分有效。在实践中，常用这 3 个指标来判断公司的盈利能力，但利润这个指标通常只是告诉我们发生了什么，而并没有告诉我们为什么发生。下面举例说明利润率指标对投资的指导作用。

>> 案例：A、B 公司哪一家的盈利能力更好

假设 A 公司有净利润 10 亿元，B 公司有净利润 20 亿元，B 公司的利润是 A 公司的 2 倍，但是否 B 公司的盈利能力一定就比 A 公司好呢？再假设 A 公司有销售收入 400 亿元，B 公司销售收入达到 1 000 亿元，因此 A 公司的净利润率为 2.5%，而 B 公司的净利润率只有 2%。

以销售收入的百分比来表示净利润阐明了以下关系：对于每 100 元的销售收入，A 公司赚取了 2.5 元，而 B 公司仅从中赚取了 2 元。至此，我们可以回答哪一家公司在百分比层面上盈利能力更强：A 公司盈利能力更强，因为其净利润率更高。

值得注意的是，尽管B公司的净利润及销售收入的绝对数量更大，但A公司盈利能力更强。但该比率本身并没有告诉我们为什么A公司有更高的利润率，因此需要进一步分析找到原因（可能是相对高的售价，或者成本控制更好，或者有效税率更低等）。

❹ 资产回报率

$$资产回报率=\frac{营业利润}{平均总资产}$$

资产回报率是计算公司众多资产回报率当中的一种，如果读者从未见过该比率．那么可能会问12%是否好于8%，答案其实可以从公司本身得出。分子是营业利润，而分母是平均总资产，所以该比率可以解释为每单位资产能够产生的营业利润。也就是说，对于每100元的平均总资产，产生12元的营业利润要好于8元的营业利润。此外，很明显，该比率衡量的是盈利能力（更详细一点，是使用资产产生营业利润的比率），当第一次见到不熟悉的比率时，我们应该对分子和分母进行分析，以评估该比率衡量的是什么。

值得注意的是，根据资产定义的不同，还有其他方法定义这个公司。有些财务比率数据使用资产的期末值，而不是平均值来计算资产回报率。在少数情况下，分母同样可能用期初值。

那么，到底哪个才是正确的呢？这取决于你想要衡量的是什么，以及公司的趋势如何，如果公司的资产总额保持稳定，那么这3种计量方法（期初值、平均值和期末值）不会有多大区别。但是，如果资产总额在不断增加或者减少，那么这3种方法存在差异。

当资产总额增加时，营业收入除以期末资产可能造成误判，因为一部分的收入可能会在资产购置前发生，这会低估公司的业绩。同样，如果用营业收入除以期初资产，有一部分下半年的营业收入可能仅仅是由于资产增加所造成的。

因此，该比率会高估公司的业绩。由于营业收入发生在整个期间，一般使用平均资产更有意义。一个通用的法则：当利润表或者现金流量表的数字处于比率的分子，而且资产负债表的数字出现在分母时，分母应该用平均值来表示，一般分子或者分母都是资产负债表数字时，没必要用平均值，因为两者都是同一时点的数值。但在某些情况下，即使分子和分母都用资产负债表的数字，也可能使用平均值，这就需要根据具体情况进行具体分析。

二、利润表百分比分析

通过该方法，利润表中各项均用同一收入比率来表示。由于尺度相同，可对处于不同阶段的不同公司进行比较。表 3-5-1 就展示了同一行业 3 家公司的营业状况。值得注意的是，该表与上市公司的利润表公布的模板有些许不同，主要是将单列在一项的研发费用考虑进来，同时通过剥离销售费用中的重要科目并将其列示为单独项目进行具体分析。

老李："老张，如何通过利润表的对比来判断几家公司的营业情况是好是坏呢？"

老张："其实很简单。由于不同公司的规模以及所处阶段不同，用利润表百分比进行分析就能很好地得出结论。"

老李："可否具体说说？"

老张："好的。我们来看下面 A、B、C 三家公司，虽然部分数据一样，但利润比却大不相同。"

表 3-5-1　A、B、C 公司利润表分析　（单位：元）

A\B\C 利润表			
	A	B	C
销售	10 000 000.00	10 000 000.00	2 000 000.00
成本	3 000 000.00	7 500 000.00	600 000.00

续表

A\B\C 利润表			
总利润	7 000 000.00	2 500 000.00	1 400 000.00
营销、管理费用	1 000 000.00	1 000 000.00	200 000.00
研发	2 000 000.00		400 000.00
广告	2 000 000.00		400 000.00
运营收益	2 000 000.00	1 500 000.00	400 000.00
A\B\C 百分比利润表分析（%）			
销售	100	100	100
成本	30	75	30
总利润	70	25	70
营销、管理费用	10	10	10
研发	20	0	20
广告	20	0	20
运营收益	20	15	20

>> 案例：A、B、C 公司哪一家经营状况更好

A、B 公司销售额均为 1 000 万元，高于 C 公司的 200 万元，且前两者营业利润分别为 200 万元和 150 万元，高于 C 公司的 40 万元。那么，我们应该如何对这些公司进行合理分析呢？

表中采用百分比分析，不难发现 A 公司与 C 公司具有相同的销售费用及利润比。虽然 C 公司利润在数值上低于 B 公司，但百分比却略高一筹（20%>15%）。每 100 元销售额，C 公司要比 B 公司多赚 5 元。由此，C 公司经营状况好于 B 公司。

百分比分析同时反映了公司政策的差异性。先比较两家大公司，A 公司总利润高于 B 公司（70%>25%）。同一产业，不同利润，原因何在？通过运营成本可以大致知道缘由，A 主要开销为研发，而 B 为广告，前者带来高科技产品，增加自己的产品竞争实力，后者提高知名度，前者更有市场而后者可以以量取胜，产品通常附加值偏低。

现实中，不同公司这样的运营差异不容察觉，但分析理念大同小异，这样的案例分析比较具有启发意义。

第六节 每股收益到底应该怎么用

老谭在股市沉浮了20年，早期也是什么方法都试过，看的信息比较多。比如，国家产业政策、全球主要股市、美元、石油、政府规划、目标公司行业地位、核心竞争力、市场占有率等，但随着年岁增长，他逐渐转变成坚定的价值投资者，即便是在熊市，他选中的股也相对抗跌，亏损幅度远小于其他人。其中，每股收益是他比较关心的指标之一。

老李："炒股的人都在谈市盈率，这个指标有什么作用？"

老张："这个指标是投资者判断当前股价高低以及是否应该买和卖的重要依据之一。要学会市盈率，首先应该了解每股收益。"

老李："每股收益在很多炒股软件中都有，可以直接用吗？"

老张："不是这样的。不同的资本结构会导致每股收益的计算方法不同，因此需要分类计算。每股收益是指税后利润与股本总数的比率。记住了！"

老李："好，原来市盈率计算还有这么多的讲究啊。"

老张："弄懂每股收益后，下面再谈市盈率的具体应用。"

每股收益即每股盈利（EPS），又称每股税后利润、每股盈余，指税后利润与股本总数的比率，是普通股股东每持有一股所能享有的企业净利润或需承担的企业净亏损。

每股收益通常用来反映企业的经营成果，衡量普通股的获利水平及投资风险，是信息使用者据以评价企业盈利能力、预测企业成长潜力、进而做出相关经济决策的重要的财务指标之一。本节主要针对简单及复杂资本结构介绍每股收益的计算方法及存在的差异。

一、简单与复杂的资本结构

公司的资本由股权和债务构成。某些类型的股权还有优先权，同时一些债务（或者其他证券）可能会转换为股票。通常，我们认为以每股收益形式出现的股票称为普通股，持股者多为公司所有者，如果公司破产清算那么最后需要偿还的是受众，当然也是公司效益好时最受益的人。若公司发行可转换为普通股的金融债券（包括可转换债券、优先股、员工股、认股权证），则可将公司的资本结构称为复杂型，反正称之为简单型。

两者的差异与每股收益的计算密切相关，由于普通股的可转换性会稀释每股收益，公司现有及潜在持股人都关心其潜在稀释性，因此会计准则要求公司公开摊薄每股收益的股票转换为普通股后的每股收益额，即摊薄每股收益。同时基本每股收益由母公司普通持股人可得收益及加权已发行股票平均值计算得来。

公司应当上报上述两种每股收益。例如，某上市公司在年报中公布了每股基本收益为 0.25，同时公布的摊薄每股收益也为 0.25，就说明公司潜在的稀释性很小甚至几乎没有。

二、基本每股收益

基本每股收益 =（净收益 − 优先股）/
已发行股票加权平均值

已发行股票加权平均值是未清偿普通股权的时间加权。例如，某年 7 月 1 日，公司起始已发行股票 200 万股，重新购回股票 10 万股，加权已发行股票平均值 =200 万股 ×0.5 年 +190 万股 ×0.5 年，即 195 万股，将该值用于每股收益公式中，每股收益计算可反映一段时间的变化。下面就用几个案例来详细解释每股收益的计算问题。

截至 2015 年 12 月 31 日，D 公司净收益 195 万元，已发行普通股 150 万股，公司没有发行优先股，无可转换金融证券，那么基本每股收益是多少？

> 解答：基本每股收益 =195 万元 /150 万股 = 1.30 元

三、摊薄每股收益

若公司为简单资本结构，则摊薄与基本值相同。若公司具有摊薄证券，则两者不可同日而语。根据定义，前者往往等于或者低于后者。以下内容主要探讨 3 类潜在摊薄证券对摊薄每股收益的影响，即可转换优先股、可转换债券和员工股票期权。

❶ 公司具有已发行可转换优先股

此时，计算方法称为一旦转换法，即优先股从计算期限起初便经过转换，其影响分为两种：一种是原优先股脱离已发行状态，已发行普通股增加（加权已发行股票平均值增加）；另一种是公司无须继续支付优先股分红（普通持股人净收益增加）。因此，一旦转换法在基本每股收益的计算公式中，加入转换后可能发行的普通股新股，那么公式应为：

> 摊薄每股收益 = 净收益 /(加权以发行股票平均值 + 转换后可能发行的普通股新股)

下面采用具体案例来使用“一旦转换法”计算摊薄每股收益。

>> 案例：D 公司 2015 年摊薄每股收益

截至 2015 年 12 月 31 日，D 公司该年净收益达 175 万元，已发行普通股平均为 50 万股，可转换优先股为 2 万股，无其他潜在可转换证券。优先股分红 10 元 / 股，每股可对应转换为 5 股普通股，请计算基本每股收益及摊薄每股收益。

解答：如果 2 万股优先股均转换为普通股，那么普通股将增加 10 万股，无须支付分红达 20 万元，基本每股收益为 3.1 元，摊薄每股收益为 2.92 元。

表 3-6-1　计算方法

	基本每股收益	摊薄每股收益（一旦转换法）
净收益（元）	1 750 000	1 750 000
优先股分红（元）	200 000	0
分子：普通股分红（元）	1 550 000	1 750 000
加权已发行股票平均值（股）	500 000	500 000
转换后可能发行的普通股新股（股）	0	100 000
分母：所有普通股（股）	500 000	600 000
所有普通股每股收益（元 / 股）	3.1	2.92

❷ 公司具有已发行可转换债券

此时，摊薄计算方法同样为一旦转换法，假设债券已于计算期限之时转换，债券不再已发行，新增普通股变为已发行，债券利息无须支付，普通持股人净收益增加（可转换债券税后利息费用无须支出）。计算公示为：

摊薄每股收益 =（净收益额 + 可转换债券税后利息费用 − 优先股分红）/（加权已发行股票平均值 + 转换后可能发行的普通股新股）

>> 案例：F 公司 2015 年摊薄每股收益

截至 2015 年 12 月 31 日，F 公司净收益为 75 万元，加权已发行股票平均值为 69 万股，唯一潜在可转换证券为年利息 6% 的可转换债券 5 万元，如果行权可转换为 1 万股普通股，税率为 30%，基本及摊薄每股收益是多少？

解答：转换后债券不属于已发行类，新增 1 万股为已发行普通股，无须支付利息 3 000 元，普通股持有者税后净收益增加 2 100 元，即 [3 000 × (1−0.3)] 元。

表 3-6-2　计算方法

计算摊薄每股收益（一旦转换法）：可转换证券		
	基本每股收益	摊薄每股收益（一旦转换法）
净收益（元）	750 000	750 000
税后利息（元）	0	2 100
分子：普通股分红（元）	750 000	752 100
加权已发行股票平均值（股）	690 000	690 000
假设转换增加普通股（股）	0	10 000
分母：所有普通股	690 000	700 000
所有普通股每股收益（元 / 股）	1.09	1.07

❸ 公司存在股票期权、认股权证或其等价物

当公司存在股票期权、认股权证、未清偿等价物时，假设金融证券得以使用，公司用所得收益以市场平均价尽可能多地购回，需计算普通股摊薄每股收益。通常采用库存股计算法，因为公司通常将购回的普通股作为库存股。

假设这类金融证券得以使用，会产生以下效果：

（1）假设公司接受现金，作为交换，发行股票。

（2）假设公司使用现金收入，以加权市场价重新购入股票。

由于上述两种作用，已发行普通股增加（普通股发行增加量=发行量-购回量），其中增加量受发行当年已发行股时间加权影响。若证券发行于该期限前，则加权已发行股票平均值增幅等于股票增加量；若发行于期限间，则受到时间加权的影响。在这期间，净收益不变，计算时分子不变，公式如下：

摊薄每股收益=（净收益额-优先股分红）/[加权已发行股票平均值+（股权行使后新发行股-股权行使后收益新购回股）× 证券已发行期限占一年的比率]

>> 案例：G公司2015年上半年摊薄每股收益

截至2015年6月30日，G公司净收益为230万元，加权已发行普通股80万股。该年年初，公司拥有已发行期权3万股，价格为35元。报告期间，公司平均股价升至55元，基本及摊薄每股收益是多少？

解答：使用库存股计算法。若所有权得以行使，则预计公司收益为105万元（35元 ×3股万期权），发行普通股增加3万股。假设购回普通股，市场价为55元，收益为105万元，购回股额为19 091股，股份增加量为10 909（30 000−19 091），针对计算公式，分子不变，基本每股收益为2.88元，摊薄每股收益为2.84元。

上述详细介绍了每股收益不同情况下的具体方法，我国会计准则规定，一般要求同时公开基本每股收益和稀释每股收益。通过上述案例解析，有助于我们判断稀释每股收益到底是怎么来的。

对投资者来说，每股收益是判断公司经营好坏的最直观的指标，同时每股收益与市盈率直接挂钩。通常情况下，成熟的资本市场以20倍市盈率作为估值是否高低的标杆，所以在很多时候大众投资者判断股价是过高还是过低，基本以20倍市盈率作为比较依据，更有甚者直接以股价绝对值高低作为判断依据。

四、使用每股收益的注意事项

老李：“原来每股收益的计算这么复杂啊。是不是股价高、市盈率高的公司风险就高，股价低、市盈率低的公司就是好公司？”

老张：“这种方法有一定参考性，但并不是绝对的。股价高，是一个相对概念，光凭价格判断容易失准。市盈率也是如此，还要参考公司的其他情况。”

老李：“这些年因为嫌股价高错过了很多牛股。”

老张：“了解了这些财务知识，读懂财务报表，以后对这些公司就会有比较深刻地认识了，下一次发现的时候可别错过了。”

老李：“嗯，财务报表方面还有很多知识需要学习呢！”

不过，我们认为这两种方法作为估值判断都有失偏颇。下面对每股收益的一些注意事项进行总结。

❶ 通过股价绝对值本身是无法判断公司价值高低的

有些投资者看到股价超过100元就机械地认定股价处于绝对高位，股价低于10元就说明股价处于低位。这种判断是不符合逻辑的，更不能以此作为决策依据。

比如，贵州茅台股价为300元的时候，很多投资者都觉得股价非常高，不能碰，但其股价先后一步步突破了400元、500元甚至更高，这种现象值得反思。有些垃圾公司股价跌到了7元，很多投资者以为这个价位肯定已经到了市场底部，于是大胆抄底。抄底过后呢？股价相继又跌到了4元、3元，这样的例子数不胜数！

❷ 不宜将20倍市盈率作为不可逾越的生命线

进入资本市场的投资者，市盈率是必须要熟悉的一个指标，当有人问及你买的股票估值高与否的时候，大部分人会说“不高，市盈率才22倍，是有很大安全边际的”，但事实证明，在22倍市盈率买入的公司，后面可能会继续跌到15倍市盈率、12倍市盈率，股价累计跌幅超过30%，投资者损失惨重。

对于这样的情况，投资者会感到迷茫：“我明明是按照别人说的20倍市盈率是合理位置，并以此作为判断依据进行投资的，为什么投资依旧会亏损累累？”这样的操作不仅损失了金钱而且承担了时间成本，那么市盈率真的没有用吗？我们应该用什么方法来指导投资呢？

需要明确的是，市盈率是极具指导作用的，是可以作为投资者判断股价高低的一个重要风向标，其作用体现在如下两个方面。

第一，对大势的研判作用，具体表现为金融资产的高估/低估等指示作用，这时的市盈率是指整个资本市场的市盈率水平而不是单一公司。回顾历年资本市场的走向，我们可以清晰地得出一个结论，每一轮金融资产的暴涨或者暴跌都具有共同点，那就是金融资产的虚高（随之而来的暴跌）或者金融资产价格极低（酝酿着即将到来的大幅上涨）。同时，暴跌的前夕往往市盈率也会畸高。因此，大盘的市盈率水平可以给我们提供一个预警信号，对可能的暴跌和暴涨提前做好准备，等到危机或者机会来临时可以牢牢抓住。

第二，对具体公司估值判断的指导作用。要明确一点，市盈率绝不是万金油，不是什么公司或者行业都可以用市盈率进行估值，市盈率估值具有局限性，同时也不能将所谓的20倍市盈率作为判断依据进行一刀切，必须对具体情况进行具体分析。一般来说，在成熟性行业中，那些盈利和现金流稳定的行业龙头是可以用市盈率进行估值的，20倍市盈率作为估值评判有一定价值，但我们也可以用另一种更好的方法来判断，那就是以比较历史年份市盈率的最低值作为判断依据。而对一些成长性行业，或者没有持续性盈利的公司，用市盈率进行估值就不合适，因为这些公司的利润变动很大，有些甚至是负数，根本不具备使用市盈率指标的条件。

04

第四章
掘金密码——深度剖析现金流量表

在企业管理和股票投资活动中，人们比较关注的一般是企业筹措资金的能力，现金流影响着一家企业能否正常运转。因此，深入了解现金流量表，意义重大。

并不是所有资金的流动都一定会引起现金流的变动。同样，现金与其他现金等价物形式之间的转化也不一定属于现金流量的范畴。

企业经营活动中的现金流的构成对企业未来发展和实现战略有一个直观体现。经营活动产生的现金流量分为流入和流出两种。经营活动中现金流量的稳定是企业持续经营并得以发展的基本保障，现金流量主要来自企业自身开展的经营活动。

在企业管理和股票投资活动中，我们都比较关注企业筹措现金、生成现金的能力，而现金是一家企业能否健康运转所需要的血液。因此，深入了解现金流量表，意义重大。

现金流量表是指企业在一定会计期间现金和现金等价物流入和流出的报表。现金流量表的主要目的是反映企业会计期间内经营活动、投资活动和筹资活动等对现金及现金等价物所产生的影响。

从编制原则上来看，现金流量表按照收付实现制原则编制，将权责发生制下的盈利信息调整为收付实现制下的现金流量信息，便于报表阅读者了解企业利润的质量，通过对企业利润质量的把控度来评价企业是否具有很强的支付能力和偿债能力。同时也为企业是否健康发展提供了一条重要的线索。

现金流量是一段时期内企业现金和现金等价物流入和流出的数量，如企业销售商品、提供劳务、购建固定资产、对外投资、偿还债务等而支付的现金流入；购买原材料、接受劳务、购建固定资产、对外投资、偿还债务等而支付现金，而形成企业的现金流出。现金流量信息能够说明企业的利润有多少含金量，是否能够满足流动性以及企业偿付能力大小，等等。从而为投资者、债权人、企业管理者提供非常有用的信息。

值得一提的是，并不是所有资金的流动都一定会引起现金流的变动，比如，一个企业货币资金的不同表现形式是不会产生现金流的进出变动的。有的企业从一个银行提取现金存入另一个银行，这样的转换不会形成现金的实际流出，也不具备构成现金流量的标准。同样，现金与其他现金等价物形式之间的转化也不属于现金流量的范畴。

企业所从事的各种经济活动，经常会引起现金流入与流出企业。例如，用现金支付各种费用会使现金流出企业；企业发行债券或者其他筹资活动则使现金流入企业，等等。我国企业通常将现金流量分为 3 类，即经营活动产生的现金流量、投资活动产生的现金流量和筹资活动产生的现金流量。

由于每个行业所处的经济特点不同，对经营活动现金流、投资活动现金流和筹资活动现金流认知会存在极大差异，因此在实战分析时，我们应该注重类别判断，通过与同行业其他企业和同一企业不同年度相互比较来进行分析和判断。

第一节 经营活动现金流对利润表的验证作用

有的企业管理者和投资者，特别关心企业的经营活动现金流量。之所以如此，是因为该指标能够反映企业真实的经营成果。试想，如果你连企业的现金流分哪些类别，从哪里来，流向何处等核心问题都不清楚，那么如何研判企业的经营成效呢？

老李："都说现金流是企业的命脉，如何理解这句话？"

老张："确实如此，现金流量表是最能反映公司经营情况的一张表。现金流能够体现公司发展的侧重点，我们不仅可以通过现金流来判断公司的经营情况，而且可以通过现金流来判断公司未来发展的方向。"

老李："看来必须格外重视这张表。"

老张："对于分析公司经营情况，现金流量表不可或缺。在现金流量表中，经营活动现金流最为关键。"

老李："经营活动现金流是指什么呢？"

老张："经营活动现金流就是企业在投资活动和筹资活动以外的所有交易和事项中产生的现金流。通常是指销售商品、提供劳务收到的现金，反映企业因销售商品、提供劳务实际收到的现金等。"

老李："那么对经营活动现金流应该如何分析呢？"

老张："我们可以先从概念入手，再分析其质量，最后判断影响其现金流的因素。通过这样的方法，我们可以判断公司运营的情况以及在生产经营中可能遇到的困难。”

一、经营活动产生的现金流量

经营活动是指企业投资活动和筹资活动以外的所有交易和事项。根据上述定义，经营活动的范围很广，它包括企业投资活动和筹资活动以外的所有交易和事项。

就工商企业来说，经营活动主要包括：销售商品、提供劳务、经营性租赁、购买商品、接受劳务、广告宣传、推销产品、缴纳税款等。

二、经营活动流入的现金

（1）销售商品、提供劳务收到的现金：反映企业因销售商品、提供劳务实际收到的现金（包括代收的增值税，这也就是普遍收到的现金比营业收入更高的原因），包括本期销售商品、提供劳务收到的现金，以及前期销售和前期提供劳务本期收到的现金和本期预收的账款，减去本期退回本期销售的商品和前期销售本期退回的商品支付的现金。企业销售材料和代购代销业务收到的现金，也包括在本项目中。

（2）收到的税费返还：反映企业收到返还的各种税费，如收到的增值税、消费税、营业税、所得税、教育费附加返还等。

（3）收到的其他与经营活动有关的现金：反映企业除上述项目外，收到的其他与经营活动有关的现金流入，如经营租赁收到的租金，罚款收入，流动资产损失中有个人赔偿的现金流入。

三、经营活动流出的现金

（1）购买商品、接受劳务支付的现金：反映企业购买材料、商品、接受劳务实际支付的现金，包括本期购入材料、商品、接受劳务支付的现金，以及本期支付前期购入材料、商品、接受劳务的未付款项和本期的预付款项。本期因购货退回而收到的现金则从本项目中减去。

（2）支付给职工以及为职工支付的现金：反映企业实际支付给职工以及为职工支付的现金，包括本期实际支付给职工的工资、奖金、各种津贴和补贴等员工薪酬，不包括支付的离退休人员的各项费用和支付给在建工程人员的工资等。企业支付给离退休人员的费用，包括支付的退休金应该在“支付的其他与经营活动有关的现金”项目中反映；企业支付给在建工程人员的工资，在“购建固定资产、无形资产和其他长期资产所支付的现金”项目反映。

（3）支付的各项税费：反映企业按规定支付的各种税费，包括本期发生并支付的税费，以及本期支付以前各期发生的税费和预缴的税金，如所得税、增值税、消费税、印花税等。

（4）支付的其他与经营活动有关的现金：反映企业除上述项目外，支付的其他与经营活动有关的现金流出，如企业经营租赁支付的现金、罚款支出、业务招待费、保险费等。

在对企业经营活动现金流项目分析时，我们应该抓住重点项目进行分析，在经营活动现金流中最重要的两个项目就是销售商品、提供劳务收到的现金以及购买商品、接受劳务支付的现金，这两个项目分析的首要因素就是比较当期的营业收入和营业成本与这两项的差额，如果差额较大就需要深入分析寻找原因。

四、现金流量质量以及现金流量的质量特征

经营活动现金流质量，是指企业的经营活动现金流能够按照企业的预期目标顺畅运转。具有较好质量的经营活动现金流应当具有如下特征：

第一，企业现金流量的结构与状态体现了企业发展战略的要求。

第二，在稳定发展阶段，企业经营活动的现金流量应当与企业经营活动所对应的利润有一定的对应关系，并能为企业的扩张提供现金流量的支持。

第三，筹资活动现金流量能够适应经营活动、投资活动对现金流量的需求，且无不当融资行为。

（1）企业经营活动现金流的构成对企业未来发展和宏观战略有一个直观体现。企业对经营性资产的结构安排是否契合企业的宏观发展战略，企业的现金支出是否与企业发展相匹配都能从现金流量表中发现端倪；企业对外投资的布局和资金的流向也能体现企业的对外扩张战略。值得注意的是，现金流量表中的绝对值数额虽然很难体现企业发展战略的基本要求，但是，从事不同行业企业的经营活动现金流量的结构和模式具有明显不同的特征，对现金流量表的结构和异常情况进行分析，我们依旧可以对企业宏观战略和现金流进出之间的联系作出判断。

（2）在企业进入成熟发展阶段后，企业的经营活动现金流量净额应当与核心利润的绝对值数额相匹配，每一会计年度企业的留存利润将会为企业的未来发展提供资金支持。从分析利润质量的角度来看，企业正常的现金流净额不仅要满足企业的日常开支，还应该有足够的资金来补偿长期经营性资产的折旧和摊销，同时还要具备支付银行利息、股利和短期借款的能力。总的来说，处于成熟发展阶段的企业，公司的现金流充沛，资本性支出金额较少，账面上具备大量的留存利润。

（3）筹资活动现金流量能够满足企业经营活动、投资活动对现金流量的需求，且无不当融资行为。筹资活动是一把双刃剑，若利用得当，则能保证企业

的繁荣兴盛。若利用不当，则很容易造成企业的资金链条断裂，一旦企业的流动性出现危机，企业发生倒闭的可能性将大大增加。高效的融资活动应该表现在时间、金额能够匹配企业的现金需求上，同时要保证企业对筹资得来的货币资金没有出现无效益占用，如筹资活动后的现金转化为具有长期特点的巨额其他应收款项、长期闲置等。

五、经营活动现金流量的质量分析

经营活动产生的现金流量是指在某一会计期间由企业自身的生产经营活动所带来的现金流入量和现金流出量，其往往会受到宏观经济环境、行业特征以及企业的结算方式、信用政策和竞争实力等因素的影响。在其他因素相对稳定、购销业务较少出现巨幅波动的情况下，企业经营活动现金流量年度间也应保持一定的稳定性，否则可能会有人为操纵的情况存在。

老李："老张，如果企业想操纵经营活动现金流，那么有哪些方式？"

老张："好问题。投资者要炼就火眼金睛，就必须对企业的惯用手法有所了解。"

老李："之前因为不懂，我吃过大亏呢。"

老张："企业操纵经营活动现金净流的手段通常有6种：一是利用合并会计报表的合并范围进行调节；二是对应收账款期末余额进行调节；三是对应收票据贴现；四是通过对收到的税费返还进行调节；五是通过"其他收到的与经营活动有关的现金"项目来调节；六是利用与母公司或其他无须纳入合并范围的关联方的关联交易进行调节。"

老李："原来有这么多操纵方式啊，终于懂了。"

❶ 经营活动现金流是否充足

经营活动现金流量的充足性是指企业具有足够经营活动现金流量，能够满足正常地运转和规模扩张的需要。经营活动现金流是否充足是影响企业生存发展的重要因素，企业的业务活动是企业赖以生存的基础，也是企业获得健康、稳定资金的重要来源。经营活动现金流在企业的每个发展阶段都会表现出不一样的特点：当企业处于初创期或者扩张转型期，企业需要大量的资金投入，会暂时性地出现经营活动现金流为负的情况，在这样的情况下可以认为现金流为负是一种不可避免的正常形态。若在企业成熟发展时期，这一期间企业并不需要大量的资本金投入，但是企业的经营现金流却依旧不见好转，甚至经常为负数，则企业肯定不具备高质量发展的特征，企业未来的发展很可能会受到巨大影响。

因此，企业现金流的充足性判断虽然需要对不同阶段具体分析，但一定要注意的是，长期的经营现金流短缺肯定是不可取的。当然，还有一种情况例外，在企业经营周期超过一年的情况下，企业各个会计年度的现金流分布可能会出现与利润有较大差异的情况。

从绝对量方面来说，企业经营活动现金流量的充足性主要表现在企业经营活动现金流量能够支持企业正常运营。显然，企业若想仅靠内部积累维持目前的生产经营能力，则其经营活动现金流入量必须能够抵补当期的下列支出和费用。

（1）本期经营活动的现金流出量，包括购买商品、接受劳务支付的现金，为职工支付的现金，支付的各种税费以及支付的其他经营活动现金等。

（2）主要以固定资产折旧和无形资产及其他长期资产摊销额为表现形式的前期支付，需要在当期和以后各期收回的长期资产支出。也就是说，企业经营活动现金流量净额不但要远远大于零，还要大于经营活动所获取的结果。只有这样，其经营活动现金流量才属正常且具有充足性。

在实际分析中，处于正常发展和运营状态的企业，在存货年周转速度达到两次以上，经营活动现金流净额在核心利润的1.2倍以上，我们就可以判定为企业的经营活动现金流量较为充足。从另一个角度来说，经验数据仅仅为我们提供了一个判断点，遇到具体情况时，还是应该分析历年企业的发展情况和数据变化情况来进行辅助判断。

❷ 经营活动现金流是否合理

经营活动现金流量的合理性是指企业经营活动现金流入顺畅，经营活动现金流出恰当，结构合理，经营活动现金流入量与流出量之间规模匹配、协调。

（1）经营活动现金流入是否顺畅？其主要根据企业的主营业务规模、信用、应收账款回款程度来决定。主营业务的增长性可以保证公司的平稳发展，通过应收账款期末和期初的变化可以判断公司的回款质量。同时还要比较行业中其他公司的现金流状况以及营业收入的结算方式，因为不同行业其财务的结算方式也不同。值得注意的一点是，公司与经销商的议价能力以及市场竞争情况在很大程度上决定公司的回款难易程度，至于如何判断，可以通过商业债权的年初与年末变动情况进行辅助判断。

（2）经营活动现金流出是否恰当？该科目主要体现公司营业成本的变动情况，原材料的采购是企业经营必备的一个环节，只要其中数值没有异常就可以忽略不计，因为在上市公司中，营业收入的增加势必会增加营业成本，需要关注的是其中有多少是赊销和赊购，如果一个企业大量拖欠上游供应商回款且自身产品并没有竞争力，就需要小心企业的经营情况。

（3）经营活动现金流量结构是否合理？企业的经营特点不同，管理方式不同，特定企业在年度之间以及不同企业之间购买商品、接受劳务支付的现金，为职工支付的现金，支付的各项税费以及支付的其他经营活动现金等的结构会有显著不同。例如，人工成本较高，外购原材料和燃料需求不高的企业，其购买商品、接受劳务支付的现金就会显著低于为职工支付的现金；反之，人工成本不高，外购原材料和燃料占生产成本比重较高的企业，其购买商品、接受劳务支付的现金就会显著高于为职工支付的现金。另外，在公司自身主要从事对外投资管理，而子公司的资金又通过本公司提供时，支付的其他与经营活动有关的现金则会成为经营活动现金流出量的主体。

在现金流入量方面同样存在合理性问题：在企业以产品经营为主且主营业务的市场能力较强的情况下，其销售商品、提供劳务收到的现金就会成为经营活动现金流入量的主体。在企业以对外投资管理为主的情况下，其销售商品、提供劳务收到的现金一般不会有太大的规模。

（4）经营活动现金流入和现金流出是否匹配。为减少现金的闲置浪费，采取有效措施实现现金流入与流出的同步协调也是极为必要的。实现现金流入与流出的同步协调，要求企业设计和采用恰当的信用政策，合理地安排供货和其他现金支出，有效地组织销售回款和其他现金流入，使得经营活动现金流入和流出在规模和时间上尽量相互匹配、同步协调，这样才能最大限度地提高现金的利用效率，同时减少企业在现金周转方面的压力。

（5）关联交易对现金流具有非常强的欺骗作用。很多上市公司惯用的操纵手法就是通过关联往来款项方式来人为增加现金流，因此关联交易的绝对值金额，以及某些大额关联款项往来是需要重点关注的，财务报表的附注就为我们提供了一个分析的视角，里面详细地介绍了关联交易的细节问题，有助于我们判断企业的正常现金流。有些公司违规占用子公司资金，违规向兄弟公司或者母公司提供资金就是通过关联交易的方式进行利益输送，因此需要特别警惕关联交易。

❸ 经营活动现金流是否稳定

经营活动现金流量的稳定性分析是指在企业各会计期间的经营活动现金流量规模不存在剧烈波动的情况下，内部构成基本符合所处行业特征，以及不存在异常变化情况。稳定是一个企业持续经营并得以发展的基本保障，经营活动现金流量主要来自企业自身开展的经营活动。因此，经营活动现金流量的稳定在很大程度上说明了企业的稳定发展。对于主营业务突出的公司，收入稳定是公司运营良好的重要标志，而持续平稳的现金流量则是企业正常运营和规避风险的重要保证。

判断一个企业经营活动现金流入结构是否合理，现金流稳定程度是否较高，可以观察企业销售商品、提供劳务收到的现金是否明显高于其他经营活动的现金来进行辅助判断。一个企业的经营现金流量质量较好，还通常表现为企业对现金预算决策的管理非常高效，这种高效一般体现为避免现金闲置或者现金紧张情况的发生，时刻保持资金的顺畅周转状态，资金的使用效率大幅提高。反之，如果一个企业经营活动现金流量的规模和结构经常出现明显巨幅波动，则说明企业主营业务的获现能力可能存在问题，经营风险较大。

六、影响经营活动现金流量变化的主要原因分析

（1）行业不同，现金流量变化不同。不同的行业，由于行业特点不同，其现金流量的模式也不相同。有的行业采用预收账款方式销售，有的采用赊销方式销售，有的则采用货到付款方式销售。显然，不同的销售模式会影响经营活动现金流量的净流入量。

（2）不同发展阶段，现金流变化情况不同。处于不同发展阶段的企业，其经营活动现金流量的态势也不相同：在企业发展初始阶段，为了迅速打开市场，扩大企业的行业影响力，企业往往会加大现金投入，这段时期企业的现金流就不会非常充沛。反之，在成熟的发展阶段，市场竞争优势明显的企业，其现金流量态势可能表现出一番繁荣的局面，在这段时期，公司的利润质量非常高。

（3）营销模式的选择，现金流变化也不相同。即使在同一个行业内部，由于企业间的竞争优势各不相同，在市场中的营销策略也会有所差异：竞争优势明显、产品供不应求的企业，往往采用预收货款的方式；销售困难、在市场中暂时处于竞争劣势的企业往往会加大赊销的力度，财务赊销的企业的现金流情况肯定不如先付款后发货的企业。

（4）收付异常导致的现金流变化。在多数情况下，影响企业经营活动产生的现金净流量的主要因素是其常规的收付过程的控制情况。在企业由于种种原因收款或者付款异常时，其经营活动产生的现金净流量也会发生显著变化。

（5）关联交易对现金流有重大影响。关联交易既可能对交易的盈亏进行操纵，也可能对现金流量的流向进行操纵。以关联交易为主的企业，其经营活动现金流量正常与否，更多地取决于关联企业之间的现金流量控制，因为关联交易具有重大的人为操纵嫌疑，所以一个主要以关联交易为主的企业其数据真实性将会大打折扣。

（6）异常运作。在企业的经营资金被关联方占用的情况下，即使常规的经营活动的现金流再好，也难以抵挡关联方的巨额占用对经营活动现金流量的冲击。

第二节　投资活动现金净额对未来增长意味着什么

在股市投资中，经常有股民一看到上市公司的财务报表就头昏，更分不清现金流有几种。之所以头昏，是觉得这些名称过于生疏，不想花时间去学习和了解。当然，如果股民是技术派，则对这些知识不太懂似乎关系不大，但如果股民是价值投资派，则对有关投资活动的现金流知识必须彻底搞懂才行。本节重点讲解投资活动产生的现金流知识。

老李："在分析一家公司是否具有投资机会时，是不是把企业的增长作为第一考虑因素？应该如何判断？"

老张："没错，企业的增长孕育着未来的投资机会，除了之前我们提到的判断方法，还可以通过投资现金流进行辅助判断。"

老李："投资现金流还有这样的作用？"

老张："是的，不要小看它的作用，因为投资现金流与长期资产有关，而长期资产与公司的经营有关，分析投资现金流对判断公司未来的增长情况有重要意义。"

一、投资活动产生的现金流量

投资活动是指企业长期资产的购置和处置以及不包括在现金等价物范围内的投资及其处置活动。这里所指的长期资产是固定资产、在建工程、无形资产、其他资产等持有期限在一年或一个营业周期以上的资产。

因此，企业的投资活动主要包括：取得和收回投资，购建和处置固定资产，以及无形资产和其他长期资产等。

❶ 投资活动流入的现金

（1）收回投资收到的现金：反映企业出售、转让或到期收回除现金等价物外的对其他企业的权益工具、债务工具和合营中的权益而收到的现金，不包括长期债券投资收回的利息，以及收回的非现金资产。

（2）取得投资收益收到的现金：反映企业除现金等价物外的对其他企业的权益工具、债务工具和合营中的权益投资分回的现金股利和利息等，不包括股票股利。

（3）处置固定资产、无形资产和其他长期资产收回的现金净额：反映企业处置固定资产、无形资产和其他长期资产所取得的现金，减去为处置这些资产而支付的有关费用后的净额。由于自然灾害所造成的固定资产等长期资产损失而收到的保险赔偿收入，也在本项目中反映。

（4）处置子公司及其他营业单位收到的现金净额。

（5）收到的其他与投资活动有关的现金：反映企业除上述各项目外，收到的其他与投资活动有关的现金流入。

❷ 投资活动流出的现金

（1）购建固定资产、无形资产和其他长期资产支付的现金：反映企业购买、建造固定资产，取得无形资产和其他长期资产所支付的现金以及用现金支付的应由在建工程和无形资产负担的职工薪酬，不包括为购建固定资产而发生的借款利息资本化的部分，以及融资租入固定资产支付的租赁费。借款利息和融资租入固定资产支付的租赁费，在筹资活动的现金流量中反映。

（2）投资支付的现金：反映企业取得除现金等价物外的对其他企业的权益工具、债务工具和合营中的权益所支付的现金以及支付的佣金、手续费等附加费用。

企业在购买股票和债券时，实际支付的价款中包含的已宣告但尚未领取的现金股利或已到付息期限但尚未领取的债券利息，应在投资活动的“支付的其他与投资活动有关的现金”项目反映；收回购买股票和债券时支付的已宣告但尚未领取的现金股利或已到付息期但尚未领取的债券利息，应在投资活动的“收到的其他与投资活动有关的现金”项目反映。

（3）取得子公司及其他营业单位支付的现金净额。

（4）支付的其他与投资活动有关的现金：反映企业除上述各项目外，支付的其他与投资活动有关的现金流出。

二、投资活动现金流量的质量分析

老张：“老李，在分析投资活动现金流量时，要对净额的变化特别注意。”

老李：“什么意思？”

老张：“就是说，当净额出现异常变化时，要具体情况具体分析，不必因净额为正而过分乐观，也不必因净额为负而过分担心。”

老李：“请详细说明一下。”

老张：“净额出现异常，有两种情况：一种是净额为负，很有可能是企业为了扩大规模，投入了大量资金。另一种是净额为正，可能是企业资金周转不开，处理了固定资产或者持有的长期投资等，或者企业投资回收的资金比现金流出要多。需要说明的是，净额为正不代表完全是好事，净额为负不一定是坏事，要透过现象看本质，找到根本原因才行。"

老李："嗯，有道理。"

投资活动的质量分析主要关注投资流入量和投资流出量，主要从战略和盈利两个维度来进行分析。

❶ 投资活动现金流量是否符合公司长期发展战略

从投资活动的目的来分析，企业的投资活动主要有如下3个目的：

第一，为企业正常经营活动奠定基础，如购建固定资产、无形资产和其他长期资产等；

第二，为企业对外扩张和其他发展性目的进行权益性投资和债权性投资；

第三，利用企业暂时不用的闲置货币资金进行短期投资，以求获得较高的投资收益。

前两类投资与企业的长期发展息息相关，企业通过投资固定资产、无形资产，对企业的未来发展会产生很大帮助，这样的投资能够体现出企业的长期发展战略，同时这样的投资活动与资金的去向相匹配，也是投资活动现金流所具备的基本质量特征。

（1）对内扩张或调整的战略吻合性分析。正如企业对经营性资产的结构安排体现了企业经营活动发展的战略要求一样，通过投资活动现金流出量中"购建固定资产、无形资产和其他长期资产支付的现金"与现金流入量中"处置固定资产、无形资产和其他长期资产支付的现金"之间的规模比较，可以体现出企业经营活动发展的战略要求。

如果"购建固定资产、无形资产和其他长期资产支付的现金"与"处置固定资产、无形资产和其他长期资产支付的现金"均具有非常大的规模，且彼此绝对值数额大致相当，那么可能预示着企业正处在长期经营性资产的大规模置换和优化阶段，这样大规模的置换预示着企业的转型升级，同时资产更新换代后，往往意味着企业生产力和产品核心竞争力的提高。但是这种转型的结果到底如何，最后还是要通过以后年度的核心利润和经营活动现金流净额的表现来看待。

（2）对外扩张或调整的战略性分析。对外长期股权投资尤其是控制性投资这种对外扩张形式，其持续拉动效应显现为能够使企业以较少的资源撬动较多的其他企业的资产。因此，从投资活动现金流出量的规模与结构分布可以揭示出企业的战略信息。而通过投资活动现金流出量中的“投资所支付的现金”与现金流入量中的“收回投资所收到的现金”之间的规模比较，可以体现出企业对外投资发展战略的实施和调整情况。

若两者均具有较大规模，且彼此规模相当，则通常表明企业正处在对外投资的结构性调整阶段，应密切关注这种投资战略调整对企业未来盈利能力和未来现金流量带来的影响。

若前者小于后者，则通常表明当期企业的对外投资呈现总体收缩的态势，一方面应关注所收回投资的盈利性，另一方面应关注这种收缩的真正意图，是在处置不良资产（主要指效益不好或发展前景暗淡的投资对象）还是企业在资金紧张等情况下的一种被动选择。当然还要分析这种投资战线的收缩对企业未来盈利能力和未来现金流量的影响。

（3）对内、对外投资相互转移的战略性分析。在有些情况下，企业可能会在对内投资和对外投资之间进行某种战略调整，要么在大规模“处置固定资产、无形资产和其他长期资产”的同时大规模进行投资支付，要么在大规模“收回投资”的同时大规模“购建固定资产、无形资产和其他长期资产”。这些情况的出现往往意味着企业在进行“经营主导型”与“投资主导型”之间的战略调整，以实现盈利模式的转变。分析时应结合行业市场环境和宏观经济环境等因素来判断其对企业未来发展带来的影响。

❷ 投资活动现金流入量的盈利性

投资意味着发展，投资活动的最终目的当然是获取盈利。因此，盈利性是企业投资活动所具备的另一基本质量特征。

简单来说，对于购建固定资产、无形资产和其他长期资产支付的现金，要关注持续增加的固定资产对企业营业收入与核心利润的贡献程度，关注在建工程规模的变化与固定资产规模变化之间的关系。虽然在建工程能够立即完工转换成固定资产，固定资产马上转换成可实际利用的产能需要时间，但是从在建工程到固定资产，从形成固定资产到产生效益的时间间隔不能过长，在建工程规模过大，转化成固定资产的时间过长，短时间内企业固定资产原值增长过快，都可能使得企业近期的财务效益下降。

对于对外投资尤其是控制性投资支付的现金，要特别关注合并现金流量表中购建固定资产、无形资产和其他长期资产支付的现金与合并资产负债表中在建工程、固定资产规模以及营业收入和核心利润之间的关联度。

企业投资活动引起现金流入主要有两个方面的原因：一个是收回投资成本；另一个是取得投资收益收到的现金。对于“收回投资成本”的情况，应该重点进行变现价值与投资初始成本的比较，可通过分析报表附注有关投资收益的明细项目中处置各类投资取得的投资收益情况以及营业外收入或营业外支出的明细项目，来考察收回投资成本过程中所体现的盈利性。

❸ 影响投资活动现金流量变化的主要原因分析

投资活动现金流量变化的主要原因有以下几个方面：

（1）急剧扩张带来投资现金流骤增。在企业对外扩张的过程中，对资金的需求将会非常大，导致投资活动产生的现金流出量会比较大。在这种情况下，企业现金流量表中的投资活动现金流量净额往往会是一个较大的负值。

（2）战线收缩和处置不良固定资产带来的投资现金流变化。在企业战线收缩和处置不良固定资产等的情况下，通常会表现出投资活动产生的现金流入量增加，这样的变化需要密切关注企业的经营情况，因为处置固定资产导致的现金净流入一般预示着企业遇到一些麻烦，才会急于变现。

（3）投资收益获取。在企业获得投资收益的情况下，这种流入将表现为投资活动产生的现金流入量，同样，企业投资活动产生的现金流量净额会因此增加。

第三节 筹资活动现金流对公司影响几何

在实践中，一家企业如果将财务杠杆运用得好，以合理的成本筹集到企业需要的资金，那么对企业的发展好处较多。反之，则后患无穷，甚至带来致命伤害。筹资活动产生的现金流入主要用于两个方面：一个是支持现有生产；另一个是用于投资。因此，要分析企业筹资活动对企业带来的是好处还是坏处，就要根据相关指标进行详细分析。

老张："老李。你有没有注意到一个现象，类似于乐视网，很多企业因现金流断裂而破产。"

老李："注意到了，其实我也很担心自己买的股遇到这种情况。"

老张："企业破产倒闭的原因很多，其中，筹集资金太过困难是常见的原因之一。"

老李："那么应该通过哪些指标来判断公司可能会遇到的筹集资金困难的情况呢？"

老张："筹资活动的现金流能够提供依据，银行常常是企业的主要筹集活动的现金流来源，我们主要应该分析企业是否有足够的能力向银行借款。"

老李："借钱还需要啥能力？就是能力不足才借钱啊。"

老张："不是的。别人借钱给你，肯定得考虑你有无偿还的能力。比如，

从安全性的角度出发，你是不是更愿意把钱借给实力强的人，而不是一无所有的人？'

老李："有道理。"

筹资活动是指导致企业权益资本及债务资本的规模和构成发生变化的活动。

权益资本，包括实收资本（股本）、资本溢价（股本溢价），与权益资本有关的现金流入和流出项目，包括吸收投资、发行股票、分配利润等。债务资本是指企业对外举债所介入的款项，如发行债券、向金融企业借入款项以及偿还债务等。

一、筹资活动流入的现金

（1）吸收投资收到的现金：反映企业收到的投资者投入的现金，包括已发行股票、债券等方式筹集资金实际收到的款项，减去直接支付给金融企业的佣金、手续费、宣传费、咨询费、印刷费等发行费用后的净额。

发行股票、债券等方式筹集资金而由企业直接支付的审计、咨询等费用，在"支付的其他与筹资活动有关的现金"项目中反映。

（2）借款收到的现金：反映企业举借各种长期、短期借款所收到的现金。

（3）收到的其他与筹资活动有关的现金：反映企业除上述各项目外，收到的其他与筹资活动有关的现金流入。

二、筹资活动流出的现金

（1）偿还债务支付的现金：反映企业以现金偿还债务的本金，包括偿还金融企业的借款本金、债券本金等。企业偿还的借款利息、债券利息，在"分配股利、利润或偿付利息所支付的现金"项目反映，不包括在本项目内。

（2）分配股利、利润或偿付利息支付的现金：反映企业实际支付的现金股利，支付给其他投资单位的利润以及支付的借款利息、债券利息等。

（3）支付的其他与筹资活动有关的现金：反映企业除上述各项目外，支付的其他与筹资活动有关的现金流出，如捐赠资金支出、融资租入固定资产支付的租赁费等。

三、筹资活动现金流量的质量分析

筹资活动的现金流量是保障企业经营活动、现金来源的最后一道屏障。总的来说，筹资活动产生的现金应该与企业经营活动与投资活动相匹配，在筹集资金的过程中，还需要考虑融资成本、融资渠道、融资利率等多种因素，以此来避免不良的投融资行为。

❶ 适应性分析

什么叫适应性分析？它是指企业在正常经营活动与投资活动中流入企业的现金之和小于零，且企业账面上的流动资金很小，公司面临很大的流动性危机时，企业通过对外借款等活动可以及时、足额地筹集到所需资金以帮助企业渡过短暂的流动性危机，保证企业正常运转。另外，当债务融资到期时，在企业没有足够的自有资金积累的情况下，企业应有能力适时举借新的债务或者通过其他渠道筹集到资金，以保证到期债务的如期偿还。因此，适应性应成为筹资活动现金流量的一大质量特征。

❷ 多样性分析

企业借用融资渠道获得资金需要考虑的一个最重要因素就是融资成本问题。目前，我国企业主要的筹资渠道及方式包括：吸收直接投资、发行股票和债券、银行借款、民间融资、融资租赁等。不同筹资渠道及方式的筹资成本和承担的风险相差很大，如果使资本成本降至较低水平，就可以将财务风险保持在适当的范围内，选择筹资渠道时，企业必须根据自身的经营情况，适时选择适合企业发展的渠道和方式，确定合理的筹资规模、期限和还款方式，实现筹资渠道和方式的多样化。因此，筹资渠道多样性是筹资活动现金流量的另一大质量特征。

❸ 恰当性分析

恰当性分析是指企业是否存在超过实际需求的过度融资、资金被其他企业无效益占用等不良融资行为，并进一步分析某种不良融资行为背后真正的融资动机。在企业借用融资渠道得到的资金大力发展企业时，应该着重强调筹资活动的现金流入是否与企业扩张的规划相匹配，资金流向是否与企业的发展战略相一致。当然，更要判断这是企业管理层以扩大投资活动和经营活动为目的主动筹资行为，还是企业因投资活动和经营活动的现金流出失控而不得已的筹资行为。

此外，对筹资活动现金流量的质量分析还包括对筹资成本的现金支付状况，对到期债务的偿还情况等方面的分析。

四、影响筹资活动现金流量变化的主要原因分析

筹资活动现金流量变化的主要原因有以下几个方面：

❶ 融资环境

影响筹资活动现金流量变化的首要因素是融资环境。在整个宏观环境向好的情况下，社会资本非常充足，在这样的宏观背景下，企业筹资就会变得比较容易；当整个国家都在去杠杆、严监管的背景下，这时银行不敢贸然借钱给公司，企业的融资环境将会变得恶化，进一步影响企业的发展。

❷ 不当融资与理财能力

企业的筹资活动现金流量，除了受融资环境影响，还与企业的融资行为和理财能力密切相关：理财能力较强的企业，往往会使自身的现金流量余额保持

在较低的水平，不会出现长期超过需求数量举债的不当融资行为。

❸ 银行承兑商业汇票结算

在企业采用银行承兑汇票结算的情况下，如果企业向银行支付承兑保证金，则企业有可能因此增加对贷款的需求。

关于融资现金流，应该对公司的所有线上项目进行分析，判断公司是否借入资金或归还之前借入的资金，以及资金来源的本质是什么。如果公司每年都需要借入资金，就必须考虑何时偿付。

第四节 每股自由现金流究竟意味着什么

企业自由现金流作为一种企业价值评估的新概念、理论、方法和体系，最早是由美国西北大学拉巴波特、哈佛大学詹森等学者于 20 世纪 80 年代提出的，经历 20 多年的发展才逐渐被人所重视。

通过该指标，我们可以发现一些如净利润等指标无法发现的漏洞，以提高我们提前发现公司经营转坏的警觉性，美国等成熟资本市场更是要求公司年报中必须披露这一指标，这也足以说明这一指标的重要性。

老张："老李，你知道自由现金流吗？"

老李："第一次听说这个词，是什么意思呢？"

老张："自由现金流量，就是企业产生的、在满足了再投资需要之后剩余的现金流量，这部分现金流量是在不影响公司持续发展的前提下可供分配给企业资本供应者的最大现金额。简单地说，自由现金流量是指企业经营活动产生的现金流量加上每年的折旧和摊销减去资本性支出的差额。这是美国著名的安然公司等倒闭破产后，开始大面积应用的一个概念。”

老李：“这个数据能够说明什么？”

老张：“破产前，安然公司的财报中利润指标完美无瑕，这看似不错的财报其实是造假得来的。为了防止类似事件的发生，美国证监会如今要求公司年报中必须披露自由现金流这个指标。该指标可以用来衡量企业实际持有的能够回报股东的现金。”

老李：“是不是自由现金流越多，代表公司的发展情况越好？”

老张：“通常是这样的。可以这样理解：自由现金流越多，即可供公司分配的资金越多。”

一、什么是自由现金流

自由现金流量，就是企业产生的、在满足了再投资需要之后剩余的现金流量，这部分现金流量是在不影响公司持续发展的前提下可供分配给企业资本供应者的最大现金额。简单地说，自由现金流量是指企业经营活动产生的现金流量加上每年的折旧和摊销减去资本性支出的差额，即：自由现金流 = 经营活动产生的现金流净额 + 折旧 / 摊销 − 资本性支出。

也可以换一种方式理解，自由现金流是一种财务方法，用来衡量企业实际持有的能够回报股东的现金，指在不危及公司生存与发展的前提下可供分配给股东（和债权人）的最大现金额。

自由现金流在经营活动现金流的基础上考虑了资本性支出和股息支出以及每年的折旧和摊销。尽管有人可能会认为股息支出并不是必需的，但是这种支出是股东所期望的，而且是以现金支付的，所以我们将这个项目考虑进去。

资本性支出是指通过它所取得的财产或劳务的效益可以给予多个会计期间所发生的那些支出。因此，这类支出应予以资本化，先计入资产类科目，再分期按所得到的效益，转入适当的费用科目。

在企业的经营活动中，供长期使用的、其经济寿命将经历许多会计期间的资产如固定资产、无形资产、递延资产等都要作为资本性支出，即先将其资本化，形成固定资产、无形资产、递延资产等，而后随着它们为企业提供的效益，在各个会计期间转销为费用，如固定资产的折旧以及无形资产、递延资产的摊销等。

与资本性支出相对应的是收益性支出，又叫期间费用。我国《企业会计准则》第二十条规定“会计核算应合理划分收益性支出与资本性支出。凡支出的效益与本会计年度相关的，应当作为收益性支出；凡支出的效益与几个会计年度相关的，应当作为资本性支出”。

自由现金流表示的是公司可以自由支配的现金。如果自由现金流丰富，则公司可以偿还债务、开发新产品、回购股票、增加股息支付。同时，丰富的自由现金流也使得公司成为并购对象。

自由现金流量可分为企业整体自由现金流量和企业股权自由现金流量。整体自由现金流量是指企业扣除所有经营支出、投资需要和税收之后的，在清偿债务之前的剩余现金流量；股权自由现金流量是指扣除所有开支、税收支付、投资需要以及还本付息支出之后的剩余现金流量。整体自由现金流量用于计算企业整体价值，包括股权价值和债务价值；股权自由现金流量用于计算企业的股权价值。股权自由现金流量可简单地表述为“利润 + 折旧 - 投资”。

FCF[自由现金流量]= EBIT[息税前利润]×(1−Tax[税率]) +Depreciation & Amortization[折旧和摊销]−Changes in Working Capital[营运资本变动]− Capital Expenditure[资本支出]

上述公式看起来非常复杂，让很多没学过财务知识的人望而却步，但是在实际操作中我们根本不需要去寻找每个项目的具体数值，首先需要明确的是，采用这个指标的作用对普通投资者来说无非就是如下两方面作用。

第一，判断公司的整体经营情况，比如公司在每年经营活动完结后是否有剩余现金流，公司的自由现金流能否覆盖利息、负债等。

第二，对公司的估值指导作用。众所周知，对公司的估值一定是建立在一个“毛估估”的基础上，没有什么公式能对公司进行具体详细的估值，通过自由现金流对企业进行大致的估值，有助于投资者在投资时以一个合理的价格介入，这就是常说的“毛估估+安全边际”投资法。通过上述分析可以将上述公式简化，来进判断实际情况：

自由现金流=经营活动产生的现金流量净额+折旧/摊销-资本支出

从上述简略公式中可以看出，自由现金流远没有那么复杂，简单的核心内容研究明白了就好，那么具体到资本市场中的上市公司来说，我们应该怎样具体运用？

首先通过现金流量表找到经营活动现金流净额，然后加上每年的折旧和摊销额，再减去购建固定资产、无形资产等相关资本支出就可以了。至于其他的内容项，一般情况下数值不会很大，而且通常难以计算（管理用报表除外），所以个人在依据自由现金流做决策时，通过上述分析找到亮点以此来评判企业的经营情况就可以了。

自由现金流是投资者必须要关注的一个指标，因为该指标代表了赚来可以用的钱。但是现金流分析也有很大的局限性，比如有很多书告诉你怎么折现，怎么把将来的现金流变成现在的现金流。这样的分析固然有一定道理，但对于投资者来说太深奥、太专业，就相当于把有限的精力放在次要的地方一样。所以我们倾向于定性判断，就是自由现金流到底是正还是负，正的自由现金流多不多。通过这样的方式进行判断既直观又好理解！当然，自由现金流这个指标也有自己的局限，主要表现在如下几点：

（1）自由现金流是企业估值最为合理的一个方式，但是不同行业用自由现金流估值有很大的不同。

（2）采用自由现金流估值并不是要求将每个数据计算得精确得当，我们仅仅需要一个大致的范围来进行一个粗略的估值，并以此来作为我们的判断依据。

（3）自由现金流计算数字出现很大不同时，需要反复验证，首先验证的就是该行业是否能够采用自由现金流估值，其次才是对数据的筛选。

（4）一家公司在业务高速发展时期，资本性支出将会非常大，这时采用现金流估值将会有很大的失真性，但是我们必须明确一个原则，那就是，一家伟大企业的自由现金流一定是极具吸引力的。

二、自由现金流分析的利与弊

老李："老张，分析自由现金流有什么注意事项吗？"

老张："还真有，要重点关注"自由"二字。"

老李："怎么理解？"

老张："举例来讲。比如，你本月月初收到工资，是税后 1 万元（现金流），可能你上个月打算去旅游，但你敢把 1 万元一次花完吗？肯定不行，你可能得把房贷、水电煤气费、日常交际等必要支出留出来，加上这些开支是 6 000 元，那么剩下的 4 000 元才是可支配收入，这部分也就是自由现金流。"

老李："嗯，这下我完全明白了。"

❶ 自由现金流运用的优点

（1）自由现金流的可操纵性不强。

在财务会计上，由于遵循的是权责发生制，收入并不需要等到现金流入才确认，因此给了实际上的利润很大的财务操纵空间，比如有些损失可以以挂账或者以“准备”形式产生，这样的会计操纵对利润会产生非常大的影响。但是自由现金流量可以很好地解决这个问题，因为自由现金流的编制方法是根据收付实现制确定。其认准的是，是否收到或支付现金，因此调节利润的手法都对其影响程度有限。

此外，自由现金流量是在具备持续经营业务条件下产生的，只有公司核心业务产生的营业利润，才是保证企业可持续发展的源泉，而所有因非正常经营活动而产生的非经常性收益（利得）是不计入自由现金流量的。

这种将非经常性收益剔除，而只计算营业利润的方法极大地还原了企业真实的经营数据，对企业正常经营情况的研判具有很好的指示作用，这样的计算方法成功规避了企业受会计方法变更的影响。自由现金流量的出现可以弥补净利润等指标在反映公司真实盈利能力上的缺陷，是企业在扣除所有经营成本和当年投资之后剩下来的现金利润。这些利润可以以真金白银的形式全部分配给企业的投资者，包括股权投资者和债权投资者。

（2）股权资本成本可以在自由现金流中完美体现出来。

股东的股权投资资本在会计利润上并没有充分体现出来，这样的缺陷就会直接导致股东的投资决策出现失误。现行的会计准则是将债务资本成本以财务利息支出的形式进行扣减，但是中国的会计准则却没有扣减权益资本产生的成本，这样的方式会让投资者间接认为企业的留存收益，增发、IPO 获得的资金可以无偿使用，使得企业出现资本无序配置的现象。

经营活动现金流净额显然只关注企业资金“进”与“出”的问题，却几乎没有考虑股权成本的问题，但是自由现金流量指标的出现却能很好地弥补这一缺陷。因为自由现金流量就是指在不影响公司持续发展的前提下，将这部分由企业核心收益产生的现金流量自由地分配给股东和债权人的最大红利，是投资收益的客观衡量依据，消除了可能存在的水分，反映了企业的真实价值。

（3）没有持续经营，不谈自由现金流。

企业持续稳定经营是产生自由现金流的前提条件，如果没有企业持续稳定的经营，自由现金流科目就属于空中楼阁。所谓自由现金流是指将经营活动所产生的现金流用于支付维持现有生产经营能力所需资本支出后，余下的能够自由支配的现金，它旨在衡量公司未来的成长机会。

稳定的自由现金流是企业高速稳定发展的一个必不可少的条件，只有企业拥有充足的现金，企业日常的经营活动才能得到保障，企业对外偿付的能力也会得以提高，企业扩建、再投资的资金来源也会得到保障。

经营者也可将它作为判断财务健康状况的依据。当自由现金流急剧下降时，就说明企业的资金运转不顺畅，可能是财务危机即将来临之日。

自由现金流还可以作为经营者判断销售及收现能力的依据，如销售量增加而自由现金流并未变化，说明销售的收现能力下降，存在大量赊销，增大了经营风险。

总之，自由现金流可为投资者、管理者和债权人提供企业在未来一段时间内发展的指向。

❷ 自由现金流在实际运用中的局限点

（1）对待出现重大经营困难的企业，采用自由现金流估值有很大失真。

企业出现重大经营困难，往往与企业的资金链断裂有很大关系，企业一旦资金链断裂，正常的经营活动将会受到很大影响，随之而来的就是企业的经营活动现金流出现困难。从上述分析我们知道，企业采用自由现金流估值是以持续经营为基础条件。试想，企业的经营情况出现重大困难，持续经营条件还能站得住脚吗？没有稳定的现金流的公司对其采用现金流估值是非常困难的，因为不知道公司何时才能走出困境。

（2）公司账面上有大量的隐形资产，采用自由现金流估值将会有很大失真。

自由现金流折现是将未来的现金价值通过贴现的方式过渡到现在实际价值的一种方法。若公司有很多的隐形资产，这些价值却不会体现在自由现金流中，则对其估值将会产生很大的误导作用。那么对这样的问题我们应该如何解决呢？通常情况下，是将这类隐形资产所产生的价值单独列出，然后把它加到计算出的价值中。

（3）公司内部拥有大量的专利，这些专利对当期公司的影响程度没有体现。

专利是公司核心竞争力的源泉所在，公司投入巨额资金用于产品研发，是为了在未来能够保持公司的核心竞争地位。这类专利在当前并不会产生很大的经济效益，但是我们却不能低估这类资产的未来发展潜力，对待这个问题，应该适时地对这些专利权进行估价，以及评判对未来经营情况的影响程度，使其有一个合理的估值范围。

（4）并购活动对自由现金流的影响。

对涉及并购的公司，至少要解决两个重要问题：首先，并购是否会产生协同效应，协同效应的价值是否可估计？如果可单独估计，则应将其单独估计。但这种估计极为主观。其次，公司管理层变动对公司现金流量和风险的影响，在敌意并购导致的目标公司管理层大范围离职时，尤其应注意其影响。

三、其他有关现金流判断的辅助指标

（1）现金与负债总额比率：经营活动现金净流量与平均总负债之比。即：

$$现金与负债总额比率=\frac{经营活动现金净流量}{平均总负债}$$

现金与负债总额比率反映了企业所能够承担债务规模的大小。该比率越高，企业所能承担债务的规模越大；该比率越低，企业所能承担债务的规模越小。

（2）全部资产现金回收比率：经营活动现金净流量与平均总资产的比率。

$$全部资产现金回收比率=\frac{经营活动现金净流量}{平均总资产}$$

全部资产现金回收比率反映了企业一定时期全部资产创造现金的能力。与同行业平均数值相比，该数值越大，表明企业资产整体质量越好；该数值越小，表明企业资产整体质量越差。

（3）再投资比率：企业一定时期经营活动产生的现金净流量与资本性支出（主要是固定资产投资）之间的比率。

$$再投资比率=\frac{经营活动现金净流量}{资本性支出}$$

再投资比率反映了企业当期经营活动产生的现金净流量是否足以支付资本性支出所需资金。如果这一比率过低，则表明企业的经营活动不能满足企业资本性支出的现金需求，需要依靠筹资活动产生的现金流入来补充。

（4）到期债务本息偿付比率：企业的经营活动现金净流量对本期到期债务和利息支出对现金需要的满足程度。

$$到期债务本息偿付比率=\frac{经营活动现金净流量}{本期到期债务+利息支出}$$

到期债务本息偿付比率越大，企业偿付到期债务的能力越强；如果到期债务本期偿付比率小于1，则表明企业经营活动产生的现金不足以偿付到期债务本息，企业必须依靠投资活动与筹资活动的现金流入才能偿付债务。

（5）现金购销比率：企业在经营活动中购买商品、接受劳务支付的现金与销售商品、提供劳务收到的现金的比率。

$$现金购销比率=\frac{购买商品、接受劳务支付的现金}{销售商品、提供劳务收到的现金}$$

可以看出，该比率的分子和分母分别对应于企业经营活动的投入和产出。在企业正常经营的情况下，这一比率应该对应于利润表中的营业成本率（成本费用总额 / 营业收入总额）。这一比率过大或过小，都应该引起投资者的警觉。

企业所处发展阶段不同，信用政策不同，市场环境不同，此比率揭示的意义不同。

（6）收入现金比率：一定时期经营活动现金净流入与营业收入的比率。

$$收入现金比率 = \frac{经营活动现金净流入}{营业收入}$$

该比率反映了企业从每一元营业收入中所实现的净现金收入，从另一个角度分析，也体现了企业对应收款项回收的比率。该比率越大，表明企业的收益质量越高，企业应收款项回收的效率越高。

第五节 杜邦分析体系在财务报表中的具体应用

在企业管理中，会经常看到一个叫杜邦分析的概念。这个分析体系是 20 世纪 20 年代杜邦公司首先采用的衡量表现的标准，一直沿用至今。

老李：“股票软件中都有一个杜邦分析，如何使用这个分析方法？”

老张：“简单来说，杜邦分析是以净资产收益率为核心的财务指标，通过财务指标的内在联系，系统、详细地综合分析企业的盈利能力。”

老李：“这种方法有什么特点？”

老张：“杜邦分析具有很高的层次性和逻辑性，主要利用几种主要的财务比率之间的关系，来综合分析企业财务状况。因为这种分析方法最早由美国杜邦公司使用，故而得名。”

老李：“有无具体的公式或格式？”

老张：“有的。下面有相关概念和指标体系图。”

一、什么叫杜邦分析

杜邦分析法是一种用来评价公司盈利能力和股东权益回报水平，从财务角度评价企业绩效的经典方法。其基本思想是将企业净资产收益率逐级分解为多项财务比率乘积，这样有助于深入分析比较企业经营业绩。

杜邦模型最显著的特点是将若干个用以评价企业经营效率和财务状况的比率按其内在联系有机地结合起来，形成一个完整的指标体系，并最终通过权益收益率来综合反映。

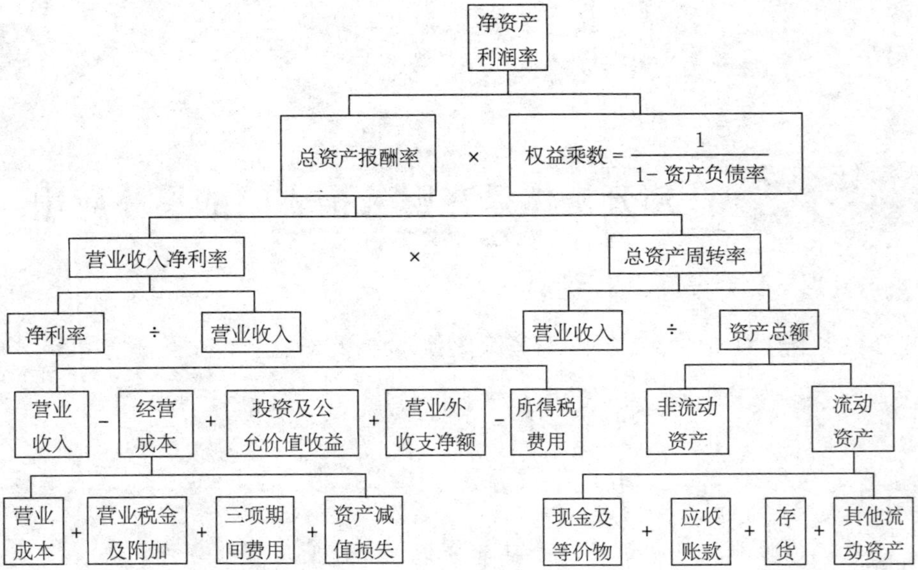

图 4-5-1

采用这一方法，可使财务比率分析的层次更清晰、条理更突出，为报表分析者全面仔细地了解企业的经营和盈利状况提供方便。杜邦分析法有助于企业管理层更加清晰地看到权益资本收益率的决定因素，以及销售净利润率与总资产周转率、债务比率之间的相互关联关系，给管理层提供了一张明晰的考察公司资产管理效率和是否最大化股东投资回报的路线图。

杜邦分析法中的几种主要的财务指标关系如下：

净资产收益率（ROE）= 资产净利率（净利润 / 总资产）× 权益乘数（总资产 / 总权益资本）
资产净利率（净利润 / 总资产）= 销售净利率（净利润 / 营业总收入）× 资产周转率（营业总收入 / 总资产）
即：净资产收益率（ROE）= 销售净利率（NPM）× 资产周转率（AU, 资产利用率）× 权益乘数（EM）

（1）净资产收益率是杜邦分析体系的核心指标，所有分析点都是在其基础上演变而来的。

（2）资产净利率是影响净资产收益率的最重要的指标，具有很强的综合性，而资产净利率又取决于销售净利率和总资产周转率的高低。总资产周转率反映总资产的周转速度。对资产周转率的分析，需要对影响资产周转的各因素进行分析，以判明影响公司资产周转的主要问题在哪里。销售净利率反映销售收入的收益水平。扩大销售收入、降低成本费用是提高企业销售利润率的根本途径，而扩大销售，同时也是提高资产周转率的必要条件和途径。

（3）权益乘数表示企业的负债程度，反映了公司利用财务杠杆进行经营活动的程度。资产负债率高，权益乘数就大，这说明公司负债程度高，公司会有较多的杠杆利益，但风险也高。反之，资产负债率低，权益乘数就小，这说明公司负债程度低，公司会有较少的杠杆利益，但相应承担的风险也低。

二、杜邦分析的局限性

从企业绩效评价的角度来看，杜邦分析法只包括财务方面的信息，不能全面反映企业的实力，有很大的局限性，在实际运用中需要加以注意，必须结合企业的其他信息加以分析。主要表现在：

（1）杜邦分析对短期的财务结果过分重视，这样有可能导致管理层忽略企业的长期发展，为以后的发展埋下不好的种子。

（2）财务指标反映的是企业过去的经营业绩，衡量工业时代的企业能够满足要求。但在目前的信息时代，顾客、供应商、雇员、技术创新等因素对企业经营业绩的影响越来越大，而杜邦分析法在这些方面无能为力。

（3）杜邦分析体系在企业软实力竞争方面得不到充分体现，但是在真实的市场竞争下，企业的品牌效应、无形资产等软实力却是企业能否基业长青的关键因素，因此企业的隐性资产对提高企业长期竞争力至关重要。

05

第五章 剖析合并报表

小章是一个新股民，是投资大师巴菲特的忠实拥趸，但他在解读上市公司的合并报表时感觉很吃力，尤其是对于集团内部往来，他始终没有找到比较满意的方法研究透彻。

在企业管理实践中，因为上市公司基本是大型集团，旗下有很多子公司，甚至境外子公司，所以为了综合反映母公司和子公司所形成的企业集团的经营成果、财务状况及其变动情况，必须编制合并会计报表。对投资者而言，看懂合并报表，意义重大。

第一节　合并报表的秘密

提起合并报表，很多人都感觉太难懂了。的确，非财务专业人士最开始有些云里雾里，但在管理和投资活动中，很多报表会经常涉及集团公司，母公司和子公司，因此根本无法回避。

老李：“学习财务报表有一段时间了，但有个问题迟迟没有得到解决。”

老张：“什么问题？”

老李：“现在上市公司旗下有很多子公司，这些公司通过简单的一张表就能准确反映经营情况吗？”

老张：“问得好，财务报表中会有一个合并报表，是综合了母公司与子公司形成的企业集团整体的财务状况、经营成果和现金流量的财务报表。接下来你可以重点学习合并报表。”

老李：“学习合并报表应该从何着手？”

老张：“分析合并报表需要从本质上去看待，也就是合并的动机问题，我们先从基本概念开始。”

一、合并报表的相关概念

合并报表是指企业综合反映母公司与子公司形成的企业集团整体财务状况、经营成果和现金流量的财务报表。其中，母公司是指控制一个或一个以上企业的企业，子公司是指被其他企业控制的企业。

（1）合并范围：母公司编制合并报表中所涉及的公司范围。合并财务报表的合并范围应当以控制为基础予以确定。所谓以控制为基础，是指投资方拥有被投资方的权益，通过参与被投资方的相关活动享有可变回报，并且有能力运用对被投资方的权益，影响其回报金额。

被投资方的相关活动，是指对被投资方的回报产生重大影响的活动。对被投资方的相关活动应该根据具体情况进行判断，通常包括商品或劳务的销售和购买，金融资产的管理，资产的购买和处置，研发与开发活动以及融资活动等。投资方应当在综合考虑所有相关事实和情况的基础上对是否控制被投资方进行判断。一旦相关事实和情况变化导致对控制定义所涉及的相关要素发生变化时，投资方应该重新评估。投资方在判断是否拥有对被投资方的权利时，应当仅考虑与被投资方相关的实质性权利。

（2）实质性权利：持有人有实际能力行使的目前可执行的权利。判断一项权利是否为实质性权利，应该综合考虑所有相关因素，包括权利持有人行使该项权利是否存在财务、价格、条款、机制、信息、法律等方面的障碍；当权利由多方持有或者行权需要多方同意时，是否存在实际可行的机制使得这些权利持有人在其愿意的情况下能够一致行权；权利持有人能否从中获利。在某些情况下，其他方享有的实质性权利有可能会阻止投资方对被投资方的控制。这种实质性权利既包括提出议案以供决策的权利，也包括被动性权利。

投资方持有被投资方半数以上的表决权的，通常表明其拥有对被投资方的权利。但是，有确凿证据表明其不能主导被投资方相关活动的除外。投资方持有被投资方半数或以下的表决权，但通过与其他表决权持有人之间的协议能够控制半数以上表决权行使的，通常视为投资方拥有对被投资方的权利。

投资方持有被投资方半数或以下的表决权，但综合考虑下列事实和情况后，判断投资方持有的表决权足以使其目前有能力主导被投资方相关活动的，视为投资方拥有对被投资方的权利。

（3）商誉：非同一控制下的企业合并，是参与合并的一方购买另一方或多方的交易，企业合并成本大于合并中取得的被购买方可辨认净资产公允价值份额的差额应确认为商誉。在控股合并的情况下，该差额是指在合并财务报表中应予以列示的商誉，即长期股权投资的成本与购买日按照持股比例计算确定应享有被购买方可辨认净资产公允价值份额间的差额；在吸收合并的情况下，该差额是购买方在其报表中确认的商誉。

商誉体现的是合并中取得的由于不符合确认条件而未予以确认的资产以及被购买方有关资产产生的协同效应或合并盈利能力的价值。在合并报表编制的过程中，对商誉的处理占据重要的位置。

（4）少数股权：在股份制企业中有两类股东，一类是取得公司控制权的股东，称为控股股东；另一类是掌握非控制权股份的股东，通常称为少数股东。少数股东在企业中享有的权益称为少数股东权益，简称少数股权。在合并报表中，少数股东享有的权益主要体现在两个方面：一个是在合并资产负债表中，代表少数股东对集团净资产的要求权，即少数股东权益；另一个是在合并利润表中，代表少数股东对集团利润的影响份额，即少数股东权益。

对于少数股权的定义，国际会计准则给出的定义是“附属公司的净经营成果或者净资产中的不直接归属部分，也不通过附属公司间接归属母公司的部分”。在编制合并报表时，对于少数股权的处理通常会有 3 种不同的理论，即所有权理论、母公司理论和实体理论，每个国家都有不同的选择。

从历史来看，母公司理论一直是主流，即认为合并财务报表是母公司报表的扩展。少数股权在合并资产负债表中既不列在股东权益部分，也不列在负债部分，而是作为一个单独项目列在负债和股东权益之间，合并资产负债表的股东权益实际反映的是属于母公司的股东权益。在合并利润表中“少数股东权益”项目被看作一项费用，作为合并损益的一个扣减项目，合并利润表中的净收益反映的是属于母公司的净收益。

随着经济发展，原来处于上风的母公司理论渐渐被呼声更高的实体理论所代替。实体理论认为，母子公司之间的关系是控制与被控制的关系，而不是拥有与被拥有的关系，母公司有权支配子公司的全部资产。编制合并报表是为了满足合并主体所有股东的信息要求，而不仅仅是满足母公司的信息要求。所以，合并资产负债表的股东权益反映的应是整个企业集团的股东权益，合并利润表反映的是整个企业集团的净收益，少数股权相关项目应在资产负债表、合并利润表、合并现金流量表和合并所有者权益变动表中予以适当反映和揭示。

二、企业合并的类型有哪些

（1）按照法律形式，把企业合并分为吸收合并、创立合并以及控股合并。吸收合并是指两家或两家以上的企业合并成一家企业，其中，参与合并的企业通常只有一家继续保留其法人地位，另外几家企业在合并后丧失法人地位，不复存在；创立合并是指创建一家新企业合并，即原有的企业均不复存在；控股合并是指一家企业通过企业合并交易或事项取得对另一家企业的控制权，企业通过所取得的股权等主导被合并方的生产经营决策并从合并方的生产经营活动中受益。

（2）从产业链延伸的角度来看，可以分为横向合并、纵向合并以及混合合并。横向合并是指同一产业链处于相似位置的合并或者收购；纵向合并是指企业在同一产业链的不同位置进行的合并，比如一家汽车整车制造企业收购一家汽车零配件企业就属于纵向合并，随之而来的就是混合合并，顾名思义，混合合并就是指跨行业企业间的合并。

三、企业为什么要合并

老李：“老张，我发现一个有趣的现象，就是上市公司的合并新闻特别多。”

老张：“是的，毕竟好处很多，所以企业的动力很足。但凡事都有两面性，企业合并其实也有风险。”

老李：“这些风险通常有哪些呢？”

老张：“至少有10个方面的风险。比如报表风险、评估风险、合同风险、资产风险、财务风险、诉讼风险、客户风险、整合风险、经营风险、信誉风险。”

老李：“看来还真不少。”

一些企业之所以热衷于合并，主要因为有如下几大好处。

（1）实现营业收入的量级跨越增长。顾名思义，合并是为了企业规模的扩张。合并分为两种模式：一种模式是通过进入一个新的地区，并在这个新区域雇佣更多的人员，并且租用大量的场地来实现增长，这种增长的方式是通过公司内部的努力来实现的，这样的增长完全属于自身性增长，因此我们把这种方式转变为内部有机增长；另一种模式是通过收购等方式购买这个市场现有的公司，来完成公司的增长，是否值得购买主要考究的是企业与自身筹建同类型公司所付出的成本和购买公司两种方法，谁付出的成本较高，有些时候与其耗费资源强行扩展市场还不如将资源用于购买来获得快速增长，即用收购获得增长。增长的价值在于获得经济利益，通过收购实现增长的情况，必须创造出协同优势。

（2）将竞争影响收缩到最小。收购竞争对手可以使得企业对市场份额的占有率达到一个很高的程度，从而使自己的企业获得超额收益。但是，大规模的收购有一个很重要的问题需要解决，那就是企业因收购而形成垄断局面，必然会引起监管层的监督和审核，一旦罪名坐实，对企业将会造成严重后果。

（3）通过对上游产业链的收购，来获得原材料的稳定供应。一家企业要想快速发展，必然会受到很多因素制约。而其中原材料供应是影响企业发展的一个非常重要的因素，如果企业在原材料采购方面受到其他企业的制约，或者整个行业出现爆发性增长导致企业原材料出现短缺，那么这些因素都有可能决定企业对供应商进行收购以保证企业原材料的稳定供应。这时，企业为寻求发展就可以通过收购原材料公司来保障公司原材料供应充足。

（4）多元化经营（分散经营）。集团跨行业经营本身就是一把双刃剑，绝不可能以偏概全地认为企业分散化经营就都是好的，应该具体情况具体判断，比如有些公司属于夕阳型行业，该行业类公司普遍亏损，对于这样的公司来说转型是迫在眉睫的事，分散化经营对公司是有好处的；某些公司本身就属于高速发展的行业，这些行业蕴含着巨大的市场机会和前景，但是公司却本末倒置地玩起了跨界经营，这样的战略部署肯定会稀释公司的资源，对公司的长远发展总的来说可能弊大于利。

第二节　合并报表有哪些基本特征

合并财务报表是母公司对“对子公司投资”和“对子公司投资收益”两个项目总述而形成的报表，是将母公司在子公司中所占权益比整合而形成的。以所有子公司的资产和负债来代替母公司和子公司的投资，以所有子公司的资产和负债来代替母公司对子公司的投资，以所有子公司的收入和支出，盈利和损失取代母公司对子公司投资的收益。

经过这种补充，财务报表阅读者能够通过单一的合并报表的资产负债表情况、现金流量表情况和利润表情况了解企业所有相关公司的大体经营情况，来满足自己的投资决策需要。

老李：“通过上一节的学习，我终于搞清楚了财务报表合并的动机和基本概念。”

老张：“嗯，通过对合并报表的原因进行分析，可以明白财务报表的本质所在。但要注意的是，合并财务报表有3个重要特点。”

老李：“具体是哪3个特点？”

老张：“第一，母公司、子公司等有权支配各自报表所展示的资源；第二，报表编制的准确性主要取决于母公司与子公司间逻辑关系是否正确；第三，采用合并报表数据进行决策要考量失真性。这3个特点关乎合并报表的准确性。”

老张：“原来分析合并报表数据进行决策还会出现失真啊，看来马虎不得了。”

通过分析、归纳，可以总结出合并财务报表具有如下 3 个特点。

一、母公司、子公司等有权支配各自报表所展示的资源

合并财务报表是以企业集团的母公司和子公司的个别报表为基础，分别独立核算，再依次抵消集团各公司之间的内部交易事项，用以体现企业集团整体财务状况的报表。也就是说，组成集团的母公司、子公司均是独立核算，各自具有独立的财务和经营体系、独立对其股东出具财务报告的经济实体。

集团内的各个母公司、子公司等均有权支配各自报表所展示的资源，并运用各自资源来取得相应的经营成果，而整个集团内的母公司与子公司虽然以股权关系为纽带，有机地联系在一起，但是实际上并不存在一个能够有权支配合并报表所列示的资源，并通过对这种资源的有效运用或支配来谋求现实经济利益的法律主体。

二、报表编制的准确性主要取决于母公司与子公司间逻辑关系是否正确

由于公司间合并范围的选择有很大的主观性，合并报表编制方法有较宽容的可选择性以及合并报表的“表之表”特点，种种能动性变化使得合并报表的外在表现呈现出高弹性化，从而使得合并财务报表的正确性不再仅仅体现单个公司报表的“可验证性”，而是体现为在编制过程中是否遵循正确的逻辑关系。

合并范围的界定虽然在现行会计准则中做了明确规定，但是在具体选择中母公司依然具有较大的主观能动性，我们不能排除在特定的现实条件下，母公司仍然有可能将某些重要的公司不纳入合并范围内，在这种情况下，一定要密切关注公司是否具有隐形资产，比如大量的土地使用权或者高精尖技术的企业，这类企业通常不以营利为目的，而仅仅为企业的技术提供支持，但是这类企业的增值潜力非常高。

合并报表的“表之表”特点，是指合并报表是母公司以合并范围内的母公司、子公司的报表为基础编制的。值得注意的是，合并报表的正确性仅仅具有逻辑关系正确与否的意义。

三、采用合并报表数据进行决策要考量失真性

内部交易（企业集团内部所发生的交易）相关的项目是企业进行合并之后需要重点分析的一类事件。将所有的内部交易全部一一抵消而形成的合并报表，将在很大程度上丧失了企业正常经营活动数据的活力，得到的合并财务报表数据是死板的，其中的失真性将会非常高。

换一个角度来说，被抵消的项目对个别报表的主体（母、子公司）来说仍具有决策有用性，因为含有大量债务的子公司的债务仍然需要自己偿还，内部交易实现的收入也已经被相关企业计入利润表作为计税的依据，等等。由于这样的情况存在，合并报表编制的数据可能会使有些有意义的信息在合并报表分析中消失或者失去意义，使得财务报表的数据有了很大的失真，导致财务报表阅读者产生很大的疑惑。因此，通常情况下，在企业面对诸如分派股利、支付报酬、偿付债务、缴纳税金等一系列的决策问题时，还是应该以个别报表为基础进行分析。

换句话说，合并报表仅仅是一张表。在这张表中揭示的信息包含大量人为主观判断，比如公司是否纳入报表有主观能动性，关联交易之间是否抵消也具有很大的主观性，因此合并报表揭示的信息在很多情况下并不能直接作为决策依据，同时一些用于进行辅助判断的财务指标，如毛利率、存活周转率、资产周转率等，更会由于子公司与母公司经营性质和业务特征的不同而导致在合并报表分析中失去原有的味道。

第三节　如何分析合并报表中的财务质量

可能很多投资者会问，合并报表的作用到底是什么？合并报表中包含的财务状况质量信息有哪些？应该如何分析财务报表呢？本节将对这些问题进行详细解答。

老李："学习了合并财务报表的知识后，发现合并财务报表的质量是非常重要的考量因素。"

老张："是的。财务报表是否具有很强的实用性与其财务质量有很大关系。"

老李："财务质量体现在哪些方面？"

老张："对于财务质量可以从占用资源、关联交易、筹资等6个维度进行分析。"

老李："有相关案例进行深入解析吗？"

老张："有的。看完下面的两个案例，你就清楚了。"

合并报表的主要作用以及包含的财务状况质量信息主要体现在以下几个方面。

一、通过合并报表的相关项目，可以识别控制性投资所占用的资源与控制性投资所撬动的增量资源

❶ 控制性投资所占用的资源

控制性投资指企业对外的投资具有绝对决策权。可供出售金融资产与长期股权投资是企业对外控制性投资的具体体现，但并不是企业所有的可供出售金

融资产和长期股权投资均为控制性投资。利用合并报表编制过程中控制性投资被抵消的原理，我们可以通过比较母公司报表与合并报表中可供出售金融资产和长期股权投资两个项目之间的差额，大致确定企业的控制性投资直接占用的资源规模，合并报表小于母公司报表的差额就是控制性投资直接占用的资源规模。

通常情况下，母公司除了划拨资金建立子公司，还会额外地向子公司提供日常经营所用的资金。那么，母公司划拨资金给子公司，在财务报表科目上应该如何体现呢?

在我国会计准则现行制度下，母公司向子公司提供资金通常通过资产负债表的“其他应收款”和“预付款项”两个科目来体现。同样的，对任何事物都需要辨证地看，并不是企业所有的“其他应收款”和“预付款项”的项目规模均为向控制性投资提供的资金。可以通过比较母公司报表与合并报表这两个项目的差额，大致确定企业向控制性投资提供的经营性资金的规模：合并报表小于母公司报表的差额就是控制性投资直接占用的资源规模。

❷ 控制性投资所撬动的增量资源

确定控制性投资所撬动的增量资源比较简单，只需将合并资产负债表的资产总计与母公司资产负债表的资产总计进行比较即可；合并报表资产总计与母公司报表资产总计的差额就是控制性投资所撬动的增量资源。

在确定企业控制性投资实际占用资源的规模和其所撬动的增量资源以后，就可以通过比较得出企业对外控制性投资撬动效应的高低；有的企业用较少的控制性投资资源撬动了较多的子公司资源，有的企业则动用了大量的控制性投资资源，只撬动了较少的子公司资源。

二、为什么控制性投资撬动资源差异会如此大

第一个原因是对子公司少数股东吸纳能力方面的差异。在其他条件相同的

情况下，如果能够吸纳更多的少数股东对子公司进行注资，则相应的控制性投资所撬动的子公司资源就会相应提高。但不好的一面就在于投资方对子公司的持股比例会相应下降，从而导致公司的决策权分散。

第二个原因是子公司在融资能力方面的差异性。在其他条件相同的情况下，如果子公司能够进行更多的贷款融资，则控制性投资所撬动的子公司资源就会相应提高。但是，子公司贸然地进行大规模融资会增加公司的经营成本，一旦资金流出现断裂，母公司就可能会出现连带责任。通过借贷的方式融资却不会导致公司的持股比例分散，使得公司享有绝对的控股权。

第三个原因是子公司在商业活动中体现出的强谈判能力。在其他条件相同的情况下，如果子公司能够较多地利用商业信用，即有较强的“两头吃”的能力，具体表现为在流动负债中有大量的应付票据、应付款项以及预收款项，则控制性投资所撬动的子公司资源就会相应提高。这种子公司的强议价能力会使得公司能够最大化地运用自己的商业信用能力，这种巨大的商业谈判能力反过来又会导致公司的融资成本较低。

第四个原因是子公司在盈利能力方面的差异。一个子公司在日常经营活动中如果表现出了强大的盈利能力，那么这样的公司一定会引起资本力量的追逐，公司的资产必然会水涨船高，相应的，子公司所撬动的资源也将会很高。

第五个原因是子公司发展阶段的不同，公司能撬动的资源也不同。在公司成立的初期，所有的经营活动需要大量的资金投入，但是公司本身吸纳贷款、利用商业信用的能力和盈利能力还比较薄弱，此时子公司的资金资源主要来自股东的出资，因此控制性投资所撬动的子公司的资源不多，但是一旦公司进入成熟稳定阶段，现金流源源不断回流，这时公司所能撬动的资源也将不可同日而语。

下面举例说明。

>> 案例 1：

表 5-3-1 所示为分析 A 公司某一年度控制性投资的资源占用与撬动效应有关的报表信息（该上市公司当年没有可供出售金融资产），计算如下。

表 5-3-1　A 公司控制性投资的资源　　（单位：元）

	期末余额	期初余额
母公司报表		
预付款项	2 454 609 223.59	2 322 895 865.36
其他应收款	738 057 453.90	1 033 379 666.48
长期股权投资	5 486 555 135.75	3 419 496 558.90
资产总计	91 364 412 676.15	69 418 550 788.15
合并报表		
预付款项	1 739 713 886.10	2 315 615 532.19
其他应收款	290 356 401.60	634 476 234.68
长期股权投资	28 159 992.30	16 876 644.41
资产总计	107 566 899 919.95	85 211 594 207.30

❶ 控制性投资占用的资源

直接占用资源 = 母公司长期股权投资 − 合并长期股权投资 =
5 486 555 135.75 元 −28 159 992.30 元
=5 458 395 143.45 元≈ 54.58 亿元
其他应收款被子公司占用资源 = 母公司其他应收款 − 合并其他应收款 =
738 057 453.90 元 −290 356 401.60 元
=447 701 052.3 元≈ 4.48 亿元
预付款项被子公司占用资源 = 母公司预付款项 − 合并预付款项 =
2 454 609 223.59 元 −1 739 713 886.10 元
=714 895 337.49 元≈ 7.15 亿元
子公司实际占用的母公司资源合计约为 66 亿元。

❷ 控制性投资所撬动的增量资源

> 控制性投资所撬动的增量资源 = 合并资产总计 − 母公司资产总计 =
> 107 566 899 919.95 元 −91 364 412 676.15 元
> =16 202 487 243 元 ≈ 162 亿元

这就是说，母公司用了约 66 亿元，撬动了子公司的增量资源 162 亿元。产生如此高的撬动效应的原因，是子公司或者具有较强的吸纳股东入资的能力，或者具有较强的获取贷款的能力，或者具有较强的利用商业信用的能力，或者具有较强的盈利能力甚至兼有两种以上的能力，我们愿意看到这样的效应。

>> 案例 2：

表 5-3-2　B 公司控制性投资的资源占用与撬动效应

	期末余额	期初余额
母公司报表		
预付款项	119 788 776.75	756 622 872.10
其他应收款	1 020 581 138.05	934 852 209.18
流动资产合计	4 730 456 072.49	4 024 527 726.67
长期股权投资	3 114 944 543.47	2 981 504 280.39
资产总计	8 278 917 143.79	7 469 144 553.26
合并报表		
预付款项	304 301 601.58	315 474 246.14
其他应收款	342 722 165.14	439 873 135.47
流动资产合计	5 930 166 101.14	4 435 201 230.69
长期股权投资	751 825 728.90	610 755 845.36
资产总计	9 200 334 640.73	7 635 439 578.36

❶ 控制性投资占用的资源

直接占用资源 = 母公司长期股权投资 - 合并长期股权投资 =

3 114 944 543.47 元 −751 825 728.90 元

=2 363 118 814.57 元 ≈ 23.6 亿元

其他应收款被子公司占用资源 = 母公司其他应收款 - 合并其他应收款 =

1 020 581 138.05 元 −342 722 165.14 元

=677 858 972.91 元 ≈ 6.8 亿元

合并报表预付款项的规模大于母公司报表预付款项的规模，且母公司报表预付款项的规模并不大，因此，没有明显的迹象表明子公司以母公司向其提供预付款的方式来占用母公司资源。

因此，在本案例中，子公司占用母公司的资源来源于长期股权投资和其他应收款，规模约为 30.4 亿元。

❷ 控制性投资所撬动的增量资源

控制性投资所占用的增量资源 = 合并资产总计 - 母公司资产总计 =

9 200 334 640 .73 元 −8 278 917 143.79 元

=921 417 496.94 ≈ 9.2 亿元

这就是说，B 公司用了约 30.4 亿元，仅仅撬动了子公司的增量资源 9.2 亿元。撬动效应如此低的原因，是由于子公司不但吸纳小股东入资的能力较差，而且获取贷款的能力、利用商业信用的能力、盈利能力也较差。

三、合并报表中的几大作用

（1）可以总体展示出整个集团的核心资产结构以及营业收入规模。有些企业本身就是投资性企业，通过对外投资来获得利润，自身几乎没有经营活动，如果分析这类企业的资产负债表就会出现非常大的失真现象，因此，这时就需要对所有的公司进行综合分析才能还原上市公司本来的面貌，并且能够细致地分析出企业内部的资源结构以及分布情况。

（2）可以充分了解关联交易的程度。因为内部关联交易在合并财务报表时需要抵消，并且不予反映，因此可以很大程度还原公司正常的经营情况。

由此可推断，集团内部依赖关联方交易的程度越高，经过合并抵消后，相关项目的合并金额就应该越小。受关联方交易影响的主要项目有：应收款项、存货、预付款项、长期投资、应付款项、预收款项、收入、成本等。

从B公司中可以看到，其他应收款在年初与年末的结构基本相同：母公司报表的其他应收款远比合并报表的其他应收款规模大，说明母公司的其他应收款主要债务人是纳入合并范围的子公司；从其他应收款占资产规模的比重来看，母公司的其他应收款年初与年末占流动资产的比重、占资产总额的比重非常高。由此就可以对该上市公司资金运作的特点有一个基本认识：引起其他应收款如此规模的原因，就是向子公司提供资金。

（3）通过比较相关资源的相对利用效率来揭示企业集团内部管理的薄弱环节。例如，可以通过比较合并报表与上市公司报表的固定资产、存货、营业收入、营业成本等项目，了解在上市公司和上市公司以外的其他纳入合并报表编制范围的公司之间，哪一部分资产的利用效率更高一些。

>> 案例：通过资产科目表分析企业资源利用情况

表 5-3-3　母公司与合并公司相关资产科目表

单位：亿元

	2019 年度		2018 年度	
	合并	母公司	合并	母公司
存货	17.38	11.01	15.47	9.84
固定资产	19.09	1.84	19.47	2.11
营业收入	189.58	134.06	184.88	118.47
营业成本	150.34	107.78	152.02	95.03

尽管由于披露的原因，我们难以直接获得关于存货原值、跌价准备、固定资产原价、累积折旧以及固定资产减值准备等极端重要的信息，但是这些信息我们可以在财务报表附注中找到，仍然可以从上述信息中分析企业资源的利用情况。

从固定资产净额的规模来看，子公司整体拥有较多的固定资产；子公司整体拥有的存货规模基本保持不变，到 2019 年年末，子公司整体拥有的存货规模远远小于母公司拥有的存货。从资源的利用情况来分析，2019 年，子公司整体占用的存货平均水平低于母公司，推动的营业成本小于母公司的一半。这虽然说明子公司整体的存货周转速度比较快，但另一方面，从固定资产资源推动的营业收入来考察，我们就会发现，从母公司和子公司整体占用的固定资产规模的差异来看，固定资产对子公司营业收入的推动似乎不如母公司有效。

这就是说，对于子公司而言，其未来提高盈利能力的关键点就是提高其拥有的庞大固定资产的利用率。

（4）比较母公司与合并公司之间某些具体科目的差异性，可以用来评价母公司与子公司的利润获得能力和费用控制效率的能力。例如，通过比较两个报表的毛利率水平，可以知道集团内下属公司哪些拖累了利润平均水平，也可以比较各项费用的支出来分析和比较其支出的合理性。

（5）合并报表可以体现出公司管理的大框架模式，以及企业在筹资、对外扩张的战略方向上的问题。母公司所施行的管理政策不同、侧重方向不同会在财务报表中的三项费用科目中具体体现出来。比如，有些企业重视营销，那么公司的销售费用就会占据主导地位，有些公司重视研发，那么把当期研发费用计入管理费用，会使得财务费用占据主导地位。因此不同企业需要分类分析，但是具体的战略和管理框架能够从具体科目中找到蛛丝马迹。

（6）上市公司中最看重的就是合并报表的质量问题，有关质量方面一般包括企业的现金流周转质量以及企业能否平稳地获取投融资。合并报表中的经营活动现金流和投资活动现金流是非常重要的信息，为信息使用者分析公司的大体经营情况提供了合理依据，对资本运作、产能扩张方面也能提供充足的信息佐证。

06

第六章
案例剖析：掘金避雷就这么做

老黄于 2010 年 4 月入市，从最初的 30 万元入市，截至 2018 年 8 月中旬，其股票账户资金只有 15 万元左右。他问我："炒股实在太难了，到底该如何提高自己的炒股能力？"

我问他，他是短线操作还是中长线操作。结果他的回答让我大吃一惊！他说自己最开始什么都不懂，跟着一个亲戚买，赚了点小钱，后来亲戚出国了。无奈之下，他开始做波段，但感觉研究技术指标太麻烦了，对大盘和个股的顶底无法判断，亏了不少，又专门投资 ST 股。几个月之后，遇到一个所谓的高手，转而开始专做刀口舔血的涨停板……

我告诉老黄，股市投资说难也不难，我们要做的无非是盈利的概率和幅度远超亏损的。比如，10 次操作赚 6 次以上，或者说一个时间段内赚到的收益超过亏损的，那么你总体就是赚钱的。

实战中，无论是技术派还是价值投资派，最终目的都是盈利，而要达到这个终极目标，尽可能地少犯错误，避免跳坑是必经之路。其中，掌握一定的财务知识，挖掘到长线牛股，是达成目标的稳妥办法。

经过前面几章的学习，我们已经对财务报表的相关知识有了更深的了解和认识，本章重点来学习如何通过财报分析寻找大牛股，如何避开财务报表的常见雷区。

第一节 如何通过财报分析寻找牛股

要想实现财富稳定持续增值，在资本市场上的实现路径很多，比如有的短线投资者更喜欢运用技术指标辅助买卖，懒惰者或不想学习的人则干脆到处打探消息，或跟着高手买股，把命运交给别人。应该说，这些做法不完全有问题，但起码是不牢靠的。而大多数价值投资者或中长线投资者，都喜欢将上市公司的财务报表研究透彻，力求做到心中有数，这无疑是一种较为稳妥有效的办法，也是寻找大牛股的有效方式之一。

老李："经过这段时间的学习，我对财务报表的相关知识有了更多了解，很想牛刀小试一下。"

老张："是不是有种'利剑在手，急于屠龙'的感觉？"

老李："是的，要不然不是白学了吗？"

老张："那就去股市上搏击一番，运用财务知识寻找大牛股吧！不过，要记住一点，财务报表虽然极为重要，可以用来帮助我们判断一家公司的经营质量和发展前景，但切不可认为业绩好的公司，买进后就能马上赚钱，因为股价的影响因素太多了。"

老李："嗯，明白了。但学会了财务知识之后，至少可以让我避免跳坑。"

要想在资本市场上找到牛股，首先要分析最常见的几张表格（见表 6-1-1）。

表 6-1-1　合并资产负债表

编制单位：珠海格力电器股份有限公司

2017 年 12 月 31 日

单位：元

项目	期末余额	期初余额
流动资产：		
货币资金	99 610 431 730.40	95 753 662 304.52
结算备付金		
拆出资金		
以公允价值计量且其变动计入当期损益的金融资产	602 045 597.22	
衍生金融资产	481 055 568.00	250 848 418.63
应收票据	32 256 413 538.14	29 963 355 478.45
应收账款	5 814 491 641.18	2 824 288 418.43
预付款项	3 717 874 635.44	1 814 945 790.78
应收保费		
应收分保账款		
应收分保合同准备金		
应收利息	1 889 248 005.80	1 045 542 563.43
应收股利		
其他应收款	252 825 686.48	244 984 154.67
买入返售金融资产		
存货	16 568 347 179.12	9 024 905 239.41
持有待售的资产		
一年内到期的非流动资产		
其他流动资产	10 341 912 577.58	1 992 536 503.43
流动资产合计	171 534 646 159.36	142 915 068 871.75
非流动资产：		
发放贷款及垫款	6 673 429 372.96	4 737 184 235.79
可供出售金融资产	2 174 941 527.25	1 384 303 560.40
持有至到期投资		
长期应收款		
长期股权投资	110 391 368.86	103 913 171.51
投资性房地产	516 630 135.79	597 736 633.95
固定资产	17 467 371 455.63	17 681 655 478.06
在建工程	1 020 709 311.31	581 543 756.84
工程物资		
固定资产清理	14 742 800.07	36 949 646.14
生产性生物资产		

续表

项目	期末余额	期初余额
油气资产		
无形资产	3 604 467 335.23	3 355 276 284.72
开发支出		
商誉		
长期待摊费用	2 208 646.95	1 051 286.89
递延所得税资产	10 838 333 080.79	9 667 717 152.15
其他非流动资产	1 010 128 134.18	1 311 590 311.26
非流动资产合计	43 433 353 169.02	39 458 921 517.71
资产总计	214 967 999 328.38	182 373 990 389.46
流动负债：		
短期借款	18 646 095 044.32	10 701 081 645.32
向中央银行借款		4 274 000.00
吸收存款及网业存放	266 944 787.77	145 241 859.45
拆入资企		
以公允价值计量且其变动计入当期损益的金融负债		
衍生金融负债	615 777 702.86	394 763 490.33
应付票据	9.766 929 541.33	9 127 336 849.68
应付账款	34 552 886 331.56	29 541 332 496.72
预收款项	14 143 038 242.58	10 021 885 515.93
卖出回购金融资产款		
应付手续费及佣金		
应付职工新酬	1 876 728 937.34	1 702 949 427.06
应缴税费	3 908 873 986.27	3 126 302 754.29
应付利息	196 103 905.86	41 781 977.25
应付股利	707 913.60	87 732 811.56
其他应付款	2 604 482 345.30	2 224 272 271.09
应付分保账款		
保险合同准备金		
代理买卖证券款		
代理承销证券款		
持有代售的负债		
一年内到期的非流动负债		
其他流动负债	60 912 220 150.82	59 733 057 515.57
流动负债合计	147 490 788 889.61	126 852 012 614.25
非流动负债：		
长期借款		
应付债券		
其中：优先股		
永续债		

续表

项目	期末余额	期初余额
长期应付款		
长期应付职工薪酬	112 708 961.00	117 732 064.00
专项应付款		
预计负债		
递延收益	126 215 974.15	172 081 044.75
递延所得税负债	403 487 740.43	280 009 411.36
其他非流动负债		
非流动负债合计	642 412 675.58	569 822 520.11
负债合计	148 133 201 565.19	127 421 835 134.36
所有者权益：		
股本	6 015 730 878.00	6 015 730 878.00
其他权益工具		
其中：优先股		
永续债		
资本公积	103 880 600.71	183 400 626.71
减：库存股		
其他综合收益	-91 700 671.13	-220 778 334.66
专项储备		
盈余公积	3 499 671 556.59	3 499 671 556.59
一般风险准备	327 347 621.67	267 370 640.37
未分配利润	55 740 076 085.90	44 226 792 442.66
归属于母公司所有者权益合计	65 595 006 071.74	53 972 187 809.67
少数股东权益	1 239 791 691.45	979 967 445.43
所有者权益合计	66 834 797 763.19	54 952 155 255.10
负债和所有者权益总计	214 967 999 328.38	182 373 990 389.46

表 6-1-2　合并利润表

单位：元

项目	本期发生额	上期发生额
一、营业总收入	150 019 551 611.75	110 113 101 850.23
其中：营业收入	148 286 450 009.18	108 302 565 293.70
利息收入	1 731 806 535.80	1 809 581 651.68
已赚保费		
手续费及佣金收入	1 295 066.77	954 904.85
二、营业总成本	124 698 812 663.70	91 483 546 050.46
其中：营业成本	99 562 912 753.17	72 885 641 217.00
利息支出	195 890 946.47	93 317 462.31
手续费及佣金支出	489 637.56	333 542.60
退保金		

续表

项目	本期发生额	上期发生额
赔付支出净额		
提取保险金合同准备净额		
保单红利支出		
分保费用		
税金及附加	1 513 035 444.41	1 430 404 246.95
销售费用	16 660 268 494.07	16 477 265 963.04
管理费用	6 071 143 700.01	5 485 919 007.51
财务费用	431 284 686.19	-4 845 422 380.26
资产减值损失	263 787 001.82	-43 913 008.69
加：公允价值变动收益（损失以“-”号填列）	9 212 503.59	1 093 332 134.65
投资收益（损失以“-”号填列）	396 648 138.32	-2 221 356 324.55
其中：对联营企业和合营企业的投资收益	6 487 470.38	8 034 455.96
汇兑收益（损失以“-”号填列）		
资产处理收益（损失以“-”号填列）	-1 022 346.31	2 093 938.44
其他收益	401 088 766.61	
三、营业利润（亏损以“-”号填列）	26 126 666 010.26	17 503 625 548.31
加：营业外收入	511 059 113.01	1 093 853 241.09
减：营业外支出	20 540 169.37	24 405 359.56
四、利润总额（亏损总额以“-”号填列）	26 617 184 953.90	18 573 073 429.84
减：所得税费用	4 108 585 909.81	3 006 619 752.24
五、净利润（净亏损以“-”号填列）	22 508 599 044.09	15 566 453 677.60
（一）持续经营净利润（净亏损以“-”号填列）	22 508 645 979.87	15 568 172 051.84
（二）终止经营净利润（净亏损以“-”号填列）	-46 935.78	-1 718 374.24
归属于母公司所有者的净利润	22 401 576 204.94	15 463 625 768.05
少数股东损益	107 022 839.15	102 827 909.55
六、其他综合收益的税后净额	125 720 324.63	-91 602 195.36
归属母公司所有者的其他综合收益的税后净额	129 077 663.53	-89 376 206.62
（一）以后不能重分类进损益的其他综合收益	6 602 971.00	-8 412 589.00
1. 重新计量设定收益计划净负债或净资产的变动	6 602 971.00	-8 412 589.00
2. 权益法下在被投资单位不能重分类进损益的其他综合收益中享有的份额		

续表

项目	本期发生额	上期发生额
（二）以后将重分类进损益的其他综合收益	122 474 692.53	−80 963 617.62
1. 权益法下在被投资单位以后将重分类进损益的其他综合收益中享有的份额	−9 273.03	
2. 可供出售金融资产公允价值变动损益	155 095 682.88	−67 430 700.38
3. 持有至到期投资重分类为可供出售金融资产损益		
4. 现金流量套期损益的有效部分	4 704 601.25	44 834 057.50
5. 外币财务报表折算差额	−37 316 318.57	−58 366 974.74
6. 其他		
归属于少数股东的其他综合收益的税后净额	−3 357 338.90	−2 225 988.74
七、综合收益总额	22 634 319 368.72	15 474 851 482.24
归属于母公司所有者的综合收益总额	22 530 653 868.47	15 374 249 561.43
归属于少数股东的综合收益总额	103 665 500.25	100 601 920.81
八、每股收益：		
（一）基本每股收益	3.72	2.57
（二）稀释每股收益	3.72	2.57

表 6-1-3　合并现金流量表

项目	本期发生额	上期发生额
一、经营活动产生的现金流量		
销售商品、为提供劳务收到的现金	107 599 120 105.06	69 896 621 293.21
客户存款和同业存放款项净增加额	121 702 928.32	−421 370 376.37
向中央银行借款净增加额	−4 274 000.00	−3 726 000.00
向其他金融机构拆入资金净增加额		
收到原保险合同保费取得的现金		
收到的再保险业务现金净额		
保户储金及投资款净增加额		
处置以公允价值计量且其变动计入当期损益的金融资产净增加额		
收取利息、手续费及佣金的现金	1 587 554 426.67	1 965 747 102.22
拆入资金净增加额		
回购业务资金净增加额		
收到的税收返还	1 657 283 101.37	1 139 337 699.60

续表

项目	本期发生额	上期发生额
收到的其他与经营活动有关的现金	2 679 909 329.74	2 938 953 031.33
经营活动现金流入小计	113 641 295 891.16	75 515 562 749.99
购买商品、接受劳务支付的现金	58 365 165 226.98	40 478 783 811.27
客户贷款及垫款净增加额	2 023 785 462.37	-4 216 183 377.63
存放中央银行和同业款项净增加额	237 451 561.16	-1 064 180 189.98
支付原保险合同赔付款项的现金		
支付利息、手续费及佣金的现金	184 827 335.01	94 593 790.43
支付保单红利的现金		
支付给职工以及为职工支付的现金	7 684 869 151.88	5 657 046 182.44
支付的各项税费	13 196 771 806.07	11 333 898 757.72
支付的其他与经营活动有关的现金	15 589 887 099.86	8 371 651 668.82
经营活动现金流出小计	97 282 757 643.33	60 655 610 643.07
经营活动产生的现金流量净额	16 358 538 247.83	14 859 952 106.92
二、投资活动产生的现金流量		
收回投资收到的现金	3 403 888 789.05	3 142 289 553.35
取得投资收益收到的现金	152 095 873.45	264 728 491.86
处理固定资产、无形资产和其他长期资产收回的现金净额	3 549 493.80	27 196 374.80
处理子公司及其他营业单位收到的现金净额		
收到的其他与投资活动有关的现金	443 244 425.45	65 000 000.00
投资活动现金流入小计	4 002 778 581.75	3 440 714 420.01
购建固定资产、无形资产和其他长期资产支付的现金	2 424 806 990.73	3 276 936 026.68
投资支付的现金	12 419 732 249.51	1 496 403 698.86
质押贷款净增加额		
取得子公司及其他营业单位支付的现金净额		
支付的其他与投资活动有关的现金	51 411 697 310.27	17 913 927 388.57
投资活动现金流出小计	66 256 236 550.51	22 687 267 114.11
投资活动产生的现金流量净额	-62 253 457 968.76	-19 246 552 694.10
三、筹资活动产生的现金流量：		
吸收投资收到的现金	90 490 000.00	
其中：子公司吸收少数股东投资收到的现金	90 490 000.00	
取得借款收到的现金	21 610 162 758.28	12 382 413 204.61
发行债券收到的现金		
收到的其他与筹资活动有关的现金	160 275 000.00	2 110 522 945.98
筹资活动现金流入小计	21 860 927 758.28	14 492 936 150.59

续表

项目	本期发生额	上期发生额
偿还债务支付的现金	13 008 985 202.68	11 054 156 840.31
分配股利、利润或偿付利息支付的现金	11 121 283 724.41	9 180 067 571.71
其中：子公司支付给少数股东的股利、利润		
支付的其他与筹资活动有关的现金		10 271 924.02
筹资活动现金流出小计	24 130 268 927.09	20 244 496 336.04
筹资活动产生的现金流量净额	−2 269 341 168.81	−5 751 560 185.45
四、汇率变动对现金及现金等价物的影响	−1 798 027 435.57	4 094 503 950.24
五、现金及现金等价物净增加额	−49 962 288 325.31	−6 043 656 822.39
加：期初现金及现金等价物余额	71 321 360 022.83	77 365 016 845.22
六、期末现金及现金等价物余额	21 359 071 697.52	71 321 360 022.83

上述 3 张表均来自 A 股市场有名的龙头公司格力电器，下面以该公司 2017 年的年报为例，对企业公开披露的财务报表进行具体解析，帮助普通投资者来判断一家公司是否健康和有无“病情”。

一、针对性审读报表

❶ 了解企业基本情况

当我们拿到某上市公司的财务报表时，首先要做的并不是直接拿着公司的三大报表就开始进行逐项分析，而是详细阅读、了解该公司的基本情况、生产经营特点以及所处行业的分析。

以格力电器为例，通过年报，可以对企业有一个大致了解：该公司主要从事空调生产和销售，主营业务占比非常高，说明公司是一个“务正业”的公司，公司在 2017 年度营业收入达到 1500 亿元，比上年同期增幅达到 36%，在企业营收量级达到千亿规模的情况下，实现如此大的年度增幅是非常了不起的事情，这凸显了格力电器在空调行业独一无二的龙头地位。

前面提到，格力电器是一家“务正业”的公司，然而也有“不务正业”的上市公司。所谓不务正业，就是不好好经营主业，管理团队满脑子想的是理财、炒股、收藏、炒房、放贷，投资手法让人眼花缭乱，而且这种公司还真不少。

❷ 探究企业控股股东的背景

该公司的控股股东一直是珠海格力集团，该集团是珠海市国企中目前规模较大、实力较强的企业集团之一，背后实际控制人是珠海市国有资产管理委员会。近年来，格力集团推行“集团多元化、各子公司专业化”的发展战略，取得了不少成就，格力空调已然成为中国的一张名片，并具有一定的全球影响力。

❸ 关注审计报告的类型

投资者务必注意，注册会计师对公司出具的是一个标准无保留意见的审计报告，这表明该公司的经营情况和财务数据是得到专业会计师认可的。通常情况下，我们应该特别警惕那些注册会计师发表“无法表示意见”“持保留意见”之类的审计报告，因为这通常预示着企业出现重大困难，会计师出于职业道德和法律责任，不敢或不愿出具无保留意见。导致出现这些情况的原因有几种，比如公司因为有息负债过高导致资金链断裂，导致财务困难，或者企业上市初期涉嫌严重财务造假，导致会计师无法表示意见。

二、基本的财务比率分析

对公司情况有了初步了解之后，接下来，就需要对一些核心指标进行具体分析。根据公式：

$$毛利率=\frac{毛利}{营业收入}$$

格力电器在 2017 年毛利率达到 33%，相比同行业其他公司，其毛利率处于市场领先地位。纵向来看，公司历年产品毛利率都维持在 30% 左右，说明公司产品的毛利率波动稳定，受市场的不利变化影响小，也从侧面体现了公司产品的核心竞争力。

根据公式：

$$净资产收益率=\frac{当年净利润}{当年平均资产}$$

格力电器在2017年净资产收益率为37%。一般来说，资本市场的股东报酬率为15%~20%，公司拥有如此高的净资产收益率，对投资者来说是极具吸引力的。纵向来看，公司历年的净资产收益率都维持在一个较高且稳定的水平，说明公司的盈利具有稳定性，而不是某一年的利润急剧升高而导致的。

值得一提的是，巴菲特在研判一家公司的时候非常看重这一指标，净资产收益率越高，从侧面可以知道公司产品的竞争壁垒越高，产品护城河越深。

根据公式：

$$已获利息倍数=\frac{当年利润+利息支出}{利息支出}$$

公司2017年净利润总额达到224亿元，该年度发生的财务费用为4.3亿元，这两个数值相比较，其公司的净利润能远远覆盖公司的利息费用，公司根本不存在债务逾期的可能性。

根据公式：

$$流动比率=\frac{流动资产}{流动负债} \quad 资产负债率=\frac{年末负债总额}{年末资产总额}$$

查阅该公司2017年报相关数据，流动比率为1.14，公司资产负债率为68%。通过比较行业内其他相关公司，这两个指标其实是没有吸引力的，更多的是对公司财务状况的一种担忧。但是通过详细拆分这些指标的具体数值构成，就会发现其中的端倪：将负债总额拆分来看，格力2017年负债总额为1 481亿元，其中流动负债为1 474亿元，长期负债几乎可以忽略不计。

看到这组数据，你可能会对公司的财务状况有更多担忧，担心这些短期负债公司是否有足够的资金进行偿还。不过，我们通过详细拆分企业的流动负债发现，其短期银行负债为 186 亿元，占比不到 10%，公司流动负债中占比最大的属于应收票据、应收账款和预收账款，款项总额接近 600 亿元，同时流动负债中的异常项目也值得关注，其他流动负债规模达到 600 亿元。

从财务报表中的附注可以看到，公司 600 亿元的流动负债项主要是由销售返利构成的，如此大规模的销售返利也可以从侧面反映出公司产品的紧俏性，同时该流动负债的偿付性也没那么急迫。

从流动资产项目来看，货币资金项目达到 1 000 亿元，这就说明公司账面上的现金可以直接覆盖掉其有息负债，应收款项数值如此大，应该是企业对上游供应商的议价能力极强，可能是采取一种战略，有意识地延迟上游厂商的资金以获得短期投资效益。

总的来看，公司的部分指标虽然不尽如人意，但进行拆分细看后，可以发现格力电器是一家拥有宽广护城河的公司，因此，千万不要被部分表现不佳的指标所蒙蔽。

根据公式：

$$存货周转率=\frac{营业成本}{平均存货}$$

公司在 2017 年的存货周转率为 7.8 左右，相较于其他年度来说变动率不大，从侧面说明公司经营稳中有进。

通过上述指标分析可以得出以下结论：

（1）某些比率的科学性值得怀疑。例如，传统的应收账款周转率在实际应用时会面临一系列的问题，因为其没有考虑应收票据的影响，如果我们强行将应收票据与应收账款相加来计算也不合时宜，因为两个项目的流动性和债权保障回收程度不同。目前来说，还没有很好的解决方法，所以对该项指标应该多加点辩证的思维来看。

另外，格力电器的流动比率大大低于 2，速动比率当然也不会很高，但我们能否得出其短期偿债能力偏低的结论？从该公司的流动负债来看，预收款项在流动负债中所占金额并不小，而预收款项的偿还是以货物为媒介，只需要将产品准时发货其预收款项自然就会降低，因此这种结构的流动负债并没有太大的偿付压力。

（2）指标分析只是对其有一个初步的评价，并没有起到全面分析的效果。就比率本身来说，虽然还没有对企业的年度间或者同行业务间进行比较，但仍然能够感觉到企业自身的经营活动处于持续发展的良好态势。

（3）与企业短期偿债能力有关的指标如流动比率、速动比率偏低，表面上容易给人以企业存在偿债难的假象，但事实上，如果一家企业账面上有足够的货币现金或者利润有足够产生现金的能力，那么无论其比率有多低，公司短期偿债的问题都不大。

（4）关于企业的长期融资能力，指标表明，企业的资产负债率接近 70%，据此通常认为企业向外举债的能力会受到遏制，但实际上，格力电器的负债中银行借款只占据了很小一部分，同时企业的债务大部分是商业债务，这恰恰说明了企业在行业中具有相当强的议价能力，企业的实际负债压力并没有想象中那么大。

通过上述分析与总结，我们可以对 2017 年的格力电器有一个大致认识：企业的盈利能力较好，营运能力较强，但短期、长期的偿债能力较差。进一步分析发现，其实所说的偿债能力差是一种假象，公司的财务质量相当坚挺。

三、对利润表和利润质量的进一步分析

（1）公司主营业务优势明显，营业收入增长迅猛，在千亿量级的基础上还能有 30% 的增幅是非常了不起的。同时，从销售组成来看，公司的营业收入

主要由主营业务构成，其他销售收入组成比例非常小，说明公司专注主营业务，未来发展可期。此外，公司的内销业务规模持续增长，外销增长速度较慢，外销收入很可能是企业未来的增长点。更重要的是，公司的核心业务始终保持在增长态势。

（2）企业的毛利率始终保持平稳，说明公司的产品稳定性很高，受市场冲击力的影响偏小。三费里面，公司销售费用、管理费用占比非常大，是分析的重要科目，从增长幅度来说，管理费用、销售费用的增长幅度和营业收入的增长幅度总体上一致，与企业的业务发展和竞争激烈的市场情况也相吻合，同时销售费用和管理费用的绝对值规模也从侧面说明了企业强大的资金实力。

（3）资产减值损失规模较小，对利润影响不大，同时也表明企业资产的管理质量较高，更表明企业对未来的发展充满信心；企业的投资收益不高，格力电器每年的投资规模并不大，说明公司专注主营业务，并没有进行其他的投资；营业外收入规模不大，说明企业不依赖政府补贴且独立获得利润的能力较强，这种情况比那些纯粹靠政府补贴维持生存或账面靓丽的公司要强很多，也是投资者重点研究跟踪的对象。

四、对现金流量表及现金流量的质量分析

（1）企业当期现金流量的基本态势。总体来看，格力电器 2017 年的现金与现金等价物净增加额为 -500 亿元，这一数值看起来有点吓人，一个企业经历了大幅增长后，现金等价物还莫名少了 500 亿元肯定是令人担心的，但拆分来看就知道，企业在 2017 年经营现金流净额为 163 亿元，投资活动产生的现金流量净额为 -622 亿元，筹资活动产生的现金流量净额为 -22 亿元，这样一来就可以知道企业在 2017 年现金等价物的大幅减少来源于投资活动现金流量的增加。

为了了解具体的投资，再次对投资活动项目进行具体分析，发现企业在购建固定资产、无形资产和其他长期资产使用的现金仅仅为 24 亿元左右，这肯

定与巨大的投资现金流出没有形成匹配关系，但是经过深度剖析，发现影响投资活动现金巨额流出的项目是“支付其他与投资活动相关的现金”，其科目金额达到惊人的 514 亿元，这个不相关项目金额如此巨大，原因是什么？

通过财务报表对该项目的附注解释，发现其中的组成结构中“定期存款净增加额”就达到 508 亿元，定期存款是理财产品的一种，可以简单地看成货币资金的另一种表现形式。至此，该公司 2017 年的现金与现金等价物净增加额为 -500 亿元就全部解释得通了，公司不过是把银行上的账面流动资金转换成了一种定期存款，是一种“左手倒右手”的操作模式，这就意味着该项目的巨额异变不是因公司的经营状况发生改变而导致的。

（2）经营活动现金流量的充分程度。通过前面的学习，我们已经知道一个企业的经营活动现金流量净额，是考察能否覆盖固定资产折旧、无形资产摊销与其他长期资产摊销、支付现金股利、支付利息费用等项目，判断公司经营情况好坏的一个重要因素。

从格力电器 2017 年的经营情况看，公司经营活动的现金流量净额为 163 亿元，公司每年的折旧和摊销费用大约为 23 亿元（通过现金流量表补充资料得出，是一个毛估值），公司 2017 年支付的股利为 112 亿元左右，支付的利息费用大约为 4 亿元，公司的经营活动现金流净额能覆盖上述所有项目，说明公司的经营活动是高质量的。

这里还涉及一个对上市公司简便估值的公式：

$$公司价值=\frac{公司经营活动现金流净额+折旧/摊销-资本支出}{10\text{ 年期国债收益率}}$$

折旧 / 摊销：可通过现金流量表中的补充资料查找得出。一般情况下，对于补充资料中的项目，重点考察折旧项目和摊销项目。

资本支出：作为普通投资者，想要找到企业每年资本支出的精确数值是不现实的（除非你是企业的实际经营者），可以通过现金流量表中购建固定资产、无形资产支出现金作为替代项目来进行估值。

10 年期国债收益率：通常分母项是折现率，但是成熟的资本市场对成熟企业的估值一般以 10 年期国债收益率来代替，再辅以安全边际进行估值，因为加上安全边际之后，折现率的确定数值就不会特别重要。一般来说，10 年期国债收益率用 5% 上下浮动来估值。

通过上述公式估值对发展成熟的公司有较好的指导作用，对处于困境期或者周期性等行业的公司指导作用不大。对处于困境期的公司来说，一般公司会经历大幅亏损时期，在这样的情况下，公司的现金流基本不会很好，用每股现金流进行估值会有非常大的误差。

与此同时，我们还应格外注意：投资活动的现金流量与企业发展战略之间的吻合程度。格力电器 2017 年投资现金流出量达到 662 亿元，但其中购建固定资产、无形资产和长期资产的投资现金仅仅为 24 亿元，而定期存款额度达到 508 亿元，这说明企业现在并不是处于大幅扩张期，回顾企业近年来的发展规模和营业收入规模，公式当前可以基本定义为成熟发展阶段，在这个阶段企业大部分的利润和现金流都会逐渐流向公司，通常对这类公司用现金流估值是比较合适的。

从上述分析中，也许读者会提出这样一个疑问：公司的现金流如此充沛，完全没有必要进行任何筹资活动，为何还要向银行借款？答案是因为企业在特定时期筹资有其合理性，可在一定程度上改善资本结构。当然，从报表上来看，格力电器如果取消这些不必要的筹资活动，企业的经营指标或者负债指标将会更好。

五、对资产负债表的总体情况、项目质量、资产结构和资本结构质量进行分析

（1）必须对企业资产负债表的总体变动情况做到了然于胸。对于资产负债表中的资产总额以及所有者权益的变动情况，一般采用 5~6 年作为一个周

期进行判断。以格力电器为例，格力电器 2012 年的所有者权益为 275 亿元，2017 年的所有者权益为 668 亿元，在 6 年的时间跨度里所有者权益年增速达到 15%~20%，这个数字在资本市场中是一个非常亮眼的数字。公司资产总额从 2012 年度的 1 075 亿元达到了 2017 年度的 2 149 亿元，资产总额增速与所有者权益增速相匹配，且所有者权益增速高于资产增速，也从侧面说明了企业的可持续性发展。

此外，关于公司资产总额和所有者权益的问题一定要结合起来看，因为有些公司经过几年的发展所有者权益不增反降，资产大幅缩水，这样的公司肯定不会是一个好公司；有些公司资产总额增加了，但是所有者权益不增，增加的全是负债类项目，这样的公司也谈不上所谓的可持续发展。

（2）在实际操作中，货币资金这个项目非常重要。看货币资金这个项目，一定要秉承"钱多就是老大"的观点，货币资金的充裕程度很大程度上决定了公司的投资可能性。比如，有些公司经媒体报道说经营情况困难，或者遇到重大突发事件导致公司出现危机，遇到这样的情况第一时间需要判断的就是公司是否有足够的资金渡过难关，账面上躺着多少现金才能体现公司的底气。

又比如，一些伟大成熟的公司，遇到股市大崩盘或黑天鹅事件时，公司的市值大幅缩水，这时可能就会出现这样一种现象：公司账面上躺着的现金可能比公司的市值还要高，这样的公司难道不值得投资吗？

然而货币资金这个项目的局限性在于账面现金和有息负债的联动关系，若一家公司的账面资金固然很多，但这家公司对银行的有息负债也很高，那么账面现金的含金量会大打折扣，此时应该重点考察公司向银行借款的难易程度。

货币资金这个项目的异常增加如果和资本运作有关，那么这个指标也会大打折扣，常见的资本运作有定向增发、IPO、重大资产重组等。因此，自然增长的货币资金才更具吸引力。

（3）对短期债权的质量分析，主要包括资产项目中的应收票据、应收账款，预收款项以及负债项目的应付票据、应付账款和预收款项。这些项目都是商业行为形成的资产和负债，所以应该综合分析。以格力电器为例，对这些短期债券项目的第一要务就是判断近5个会计年度是否有某一年度数据产生过异常（何谓异常值？就是某一年度的数据相比前几年度有非常大的变化），通过查阅相关年度报表发现公司应收票据在资产项目中占比最大，同时波动也非常大，公司在2015年度应收票据异常减少，以及在2016年应收票据又异常大幅上升。遇到这类情况一定要深究其原因，深入分析后发现，应收票据的异常减少以及增加与资产项目中的货币资金呈现反向关系，这很可能是因为公司在某一年度加大的回款力度或者向银行贴现获得现金，这是正常情况。

（4）对无形资产的分析。从A股市场来说，在无形资产中，土地使用权占据很大一部分比重，其品牌的价值在财务报表中的体现是很小的。一般来说，企业创造品牌所发生的支出，以及企业每年的研发支出普遍会采用费用化计入当期损益，会影响当年的经营活动，但也不排除有些企业将这些支出予以资本化。从长期来看，资本化每年的摊销会对以后年度的利润产生影响，对于这一点我们尤其要注意。

第二节 潜在牛股在财务报表中的共通点

众所周知，在股票市场上，很多表现强劲的牛股都有一些共通点，要么有炒作题材，要么国家政策支持，要么受到大资金关注，要么公布靓丽的财报数据。

不过，需要注意的是，潜在牛股在财务报表中会呈现出一些共通点，但并不代表这些公司一定具备这些特点，或者说具备了这些特点就一定能成为大牛股，确切的说法是，因为拥有这些特质，赋予了其成为优秀公司的可能性。同时，每家公司所处行业不同，行业竞争点也不同，其竞争优势也会不同。那么，共通点总结的意义在哪里？

意义在于，当我们在分析目标公司或再次遇到类似的情况时，可以下意识地将其纳入重点关注目标，并且知道从哪些地方去分析和把握。

老李："我还有一个困惑，潜在牛股在财报上是不是有一些共通点？"

老张："你观察得还挺仔细的。的确如此！"

老李："那应该从哪些地方去分析？"

老张："在选股过程中，我们可以重点考察产品类型、研发等方面。"

老李："请举例说说。"

老张："比如，通过了解一家公司的产品是否具有可替代性，根据在主要市场上的占有率、经销渠道、口碑等方面因素，结合财报关键数据，基本能判断该公司的发展前景、业绩情况以及未来股价上涨的概率大小。"

一、研究产品类型

从产品类型来看，作为投资者，必须了解产品的受众需求、可转换成本、品牌效应、竞争优势等方面的优劣势。

❶ 受众需求

对受众需求这一方面需要关注什么？简单来说，就是该产品的市场容量及产品受众范围的广度。以伊利股份为例，其生产的产品可以符合不同年龄段的人，消费群体庞大，再考虑中国13亿人口与发达国家人均用奶量的巨大差距，我们可以知道市场的容量巨大，发展空间广阔。

❷ 可转换成本

什么叫可转换成本？答案就是在你用惯了一个产品时突然改用另一个产品所付出的成本。以苹果手机为例，如果你将苹果手机换成三星手机，你付出的成本包括系统的改变成本、App 转换的成本以及换手机的购买成本等，若可转换成本高昂，就会降低客户转换的意愿，间接地构筑了公司的产品优势。

❸ 品牌效应

品牌效应如何体现？很简单，可采取询问法。通过询问各大商超的售货员或者产品销售人员，便可大致明白在整个行业中哪家公司位居第一，而龙头公司很多时候都将自己的品牌建设摆在首位，或者通过各大电视台的广告播出频次来估算公司在提升产品知名度上所付出的资源。

❹ 竞争优势

如何辨别竞争优势？在竞争激烈的商业活动中，容易出现产品同质化严重的情况，而且每个行业的竞争优势有所不同。比如乳制品行业，如果说是因为产品的口味构建了企业的竞争优势，那么可能不太合理，因为市场上的同类产品其实口味是没有多大变化的。因此，类似乳制品等零售行业的大企业，其产品的竞争优势更多来自经销商网络布局的广度与深度，以及原材料供给的平稳度。

通过上述分析，可以找到潜在牛股的基本要素之一：

首先，产品受众范围较广或者迭代更新快，最好是保持领先地位。

其次，品牌效应强，产品知名度高，受消费群体接受程度高。

最后，企业产品可转换成本高，经销商数量分布广且深。

二、判断研发在公司中的地位

企业的研发费用是企业未来的竞争优势的源泉，就研发本身来说，并不是每个行业都需要把研发放在首位，不同行业肯定不能一概而论。比如，高科技公司，产品迭代更新快，那么研发支出是企业发展壮大的保证，这类企业一定要把研发放在第一要位，但需要注意的一点就是，企业是否把研发费用的资金真真切切地用在了研发上面，还是属于“雷声大雨点小”，将其他项目的资金一并打包录入研发费用中，值得深究。

对这种情况应该如何判断呢？我们应该坚持“强者恒强”原则，在一个技术壁垒非常高的企业，位居行业第一的公司会将研发摆在首位，其付出的研发费用也通常保持一个很高的比例。还有一种情况值得注意，即公司本身就是研发性企业，公司背后的资源有科研工作站等非常强大的科研力量，这种类型的企业也值得关注。从另一个维度说，研发与产业出现巨大变革分不开，每一轮巨大的行业变革潮来临都会引起世界翻天覆地的变化，比如互联网技术的发展，直接带动近年来电子商务的蓬勃发展。

第三节 如何分析识别财务造假

在企业管理实务中，基于某种需要和特殊目的，财务造假始终屡禁不止，尤其在资本市场上，因财务造假而被监管部门严厉处罚的事件不时曝光。对股市投资者来说，学会分析和识别财务造假，可以避免踩雷，最大限度保证本金安全；对财务工作者来说，识别财务异常是必不可少的基本技能；对企业管理者来说，识别财务水分，可以清楚了解企业各部门管理者的工作绩效完成程度，对提升管理水平、准确制定战略决策至关重要。

这里所说的识别财务造假并不是说通过分析，了解到企业财务数据存在问题，就确定其财务造假，而是说通过详细的财务报表分析、附注的披露以及公开信息的研读，找到公司财报数据的异常点，从而使投资者或者企业管理者保持警惕。在实战中，一个公司是否属于财务造假，应由监管部门进行认定，其他机构或个人只能有保持质疑的权利。

对投资者来说，一旦自己对某一件事保持极高的警惕性，就会让自己处于一个相对安全的位置，进而做出利于自己的决策。换言之，如果投资者对一家财务报表出现异常的公司还存在侥幸心理，甚至不管不顾，就容易在投资中遇到风险。

通常情况下，一场危机的爆发都会经历这样的过程：由某一个点引爆，然后加上新闻媒体的推波助澜，引起民众的恐慌，传播负面信息，更多被隐藏的问题被扒出来，最后彻底引爆危机。公司财务造假也不例外。正常情况下，公司看起来发展平稳，甚至各种好消息经常见诸报端，但一旦某个隐藏在水下的问题被曝光（如资金链断裂、产品出现质量问题、消费者维权等），那么最终结果很可能会对企业造成致命打击。因此，分析企业财务报表的目的，就在于提前排雷。

客观来说，要想从财务报表中看出企业造假是非常困难的，毕竟这些报表是由财务专家编制审定的。那么，对初学者来说，到底该如何分析识别企业财务造假呢?

老李："前面学习的都是财务报表的必学知识，我还想学一个绝招。"

老张："什么绝招？"

老李："怎样识别财务造假。有了这个绝招，我才不会掉在坑里。"

老张："这一点的确非常重要！知晓企业财务造假的奥秘用处很多。"

老李："那么从哪些地方入手？"

老张："可从 7 个维度进行考察。具体包括一家公司的负债规模大小、有无较大的关联交易、固定资产的增速是否异常、毛利率在行业内是否过高等。"

老李："嗯，这几点很具体，好懂！"

一、七大维度识别财务造假

❶ 看负债规模

每家企业要进行扩张时，一般会通过向银行借款的方式来获取资金，但通过银行借款是有成本的，并且有归还期限。在此期间，一旦发现投资项目出现重大困难导致资金收不回来，或者企业出现信用违约等情况，就容易导致企业的资金流断裂，进而引起财务风险。

❷ 看“其他”

资产负债表项目中的其他应付款、其他应收款、其他流动资产是企业发生高危风险的重点区域，因此，需要重点分析这些数值对公司的影响程度。

❸ 看巨额关联交易

观察企业是否与关联公司有互相销售、采购的情况。如果交易是虚构的，那么在销售过程中收到的资金往往会通过采购交易还给关联公司，从而完成资金的闭环。在分析巨额交易时，需要重点关注交易的真实性和企业与交易对手是否存在实质关联方关系。

❹ 固定资产增速较快

很多舞弊案例显示，预付款项、在建工程和固定资产往往暗藏“地雷”，如果公司存在体外补给成本的情况，则往往需要通过虚构在建工程、固定资产、预付款项等形式实现资金的闭环。

>> 案例：雅百特财务造假

2017 年 12 月，证监会公布了一起涉及上市公司财务造假的重大信息披露违法案件。在该案中，江苏雅百特科技股份有限公司（以下简称雅百特）以虚构海外工程项目和国内外建材贸易的方式虚增业务收入，粉饰财务报表。

证监会披露，雅百特于2015年至2016年9月通过虚构巴基斯坦旁遮普省木尔坦公交工程项目、虚构国际贸易和国内贸易等手段，累计虚增营业收入达5.8亿元，虚增利润约2.6亿元，其中2015年虚增利润占当期披露利润总额达73%，2016年前三季虚增利润占当期披露利润总额约20%。

据央视2017年7月报道，证监会调查人员称，巴基斯坦木尔坦项目业主方为木尔坦发展署，建设城市快速公交线，总投资超过3.5亿美元，木尔坦发展署根本没有和雅百特合作，年报所说的收入完全是子虚乌有。2015年，雅百特以虚假采购的方式将资金转入其控制的上海远盼、上海煊益等关联公司，再通过上海桂良、上海久仁等客户将资金以销售款名义转回，构建资金循环，伪造"真实"的资金流。同年，雅百特与境外公司伪造虚假的建筑材料出口合同，将报关出口至安哥拉的货物运送至中国香港，然后由其控制的关联公司将货物进口回中国内地。

鉴于雅百特的上述违法行为涉案金额巨大、情节严重，证监会决定对雅百特处以《证券法》规定的顶格罚款60万元，对直接负责的主管人员陆永处以30万元顶格罚款，并采取终身市场禁入措施，对其他有关责任人员依法分别予以行政处罚或采取市场禁入措施。

❺ 毛利率高于同行业其他公司

如果目标企业在行业内的地位处于中下游，其生产技术、经营模式、销售网络等各方面都没有明显高于同行的竞争优势，毛利率却远超同行，那么对此务必小心为妙。

❻ 大额的销售退回

如果在接近资产负债表日存在大额的销售退回，那么要关注销售的真实性，是否存在虚构销售的情形。

❼ 业绩增长与权威渠道获得的信息不匹配

很多时候，除了沪深交易所，投资者还可以从其他权威渠道查询希望获得的数据，来与公司财报中的数据进行对比研究。一旦二者对不上，或出现大幅差异，就要多一个心眼，想想哪里可能有猫腻了。

事实上，公司如果通过提前确认收入的方式进行财务造假，那么往往会出现违背常识的地方，如果对财务数据多加分析，就能发现财务造假的端倪。

二、看穿数字中隐藏的危险因子

❶ 看负债规模和融资频次

通过查阅相关年报，如果一家公司在两三年内密集进行非公开增发，同时公司短期有息负债飙升，短期借款规模也大增，那么投资者必须思考，一旦资金链断裂是否会对公司造成致命性打击？当然，肯定有人会说这是企业为寻求高速发展而采取的激进做法，因为公司的行业前景很好，对这样的风险能够承担，但作为公司管理层或投资人来说，看到异常的数据起码应该有所担心和警惕。

❷ 看巨额关联交易

如果企业在发展过程中过分依靠关联交易或者关联交易占比非常大，我们就有理由对这样的高速发展保持一份怀疑。比如，这时应该想一想，客户集中度过高是否正常？公司所在的行业是否都是这样的集中度，可查阅同类型其他公司进行比较。此外，如果前 5 名客户销售额中关联方销售额占年度销售总额比例超过 50%，也就是说公司的一半收入全部来自与其有关联关系的公司，而且营业收入增速远超往年，就要思考超高增长率的背后，因为存在大规模的关联交易金额，数据的真实性是否可靠。

❸ 看应收款项

比如，查阅年报得知，A公司的应收账款从2013年的9亿元飙升至2016年的80亿元，4年累计增加达71亿元。如此大规模的应收账款增加，虽然与高增速的营业收入相互匹配，但对这种匹配细细研究就会发现其蕴含着较大的危险性：公司营业收入2016年（以2013年营业收入为基数）增加了差不多200亿元，应收账款也增加了71亿元，其中还有50%的关联交易收入。这三者的关系说明了如此迅猛的高增长其质量并不可靠，因为太多的关联交易穿插其中，大幅降低了企业经营质量的可靠性，同时应收账款规模如此大，企业的资金回收也是一大难题，一旦出现坏账，企业将面临巨大的损失。

❹ 看现金流

继续以A公司为例，2013年到2016年，A公司的经营活动现金流净额分别为1.5亿元、2.3亿元、8.5亿元和-10亿元。现金流波动大，且极不稳健，其中2016年是公司发展最好的一年，现金流甚至为负数，这样的数字值得高度怀疑。

❺ 看应付款项及预收款项

查阅年报可以发现，A公司的应付款项从2013年度的7亿元飙涨至2016年度的50亿元，预收款项在2015年达到17亿元。前面说过，应付款项和预收款项的增高表明公司对上游供应商或者经销商的议价能力很强，但A公司也是这样吗？其在行业内真的具有非常强的议价能力吗？公司在这个行业中的地位如何？产品可替代性强不强？

经研究，发现A公司所处行业中的主要竞争对手有爱奇艺、腾讯视频、暴风影音等，公司的核心竞争力主要是手里的版权多少。

关于如何判断A公司在整个行业中是否具有不可替代的作用，可以采用试问法来判断：如果没有A公司，那么可以选择其他平台吗？A公司的产品可以在其他平台找到吗？如果转换平台那么消费者会损失什么？这家公司有我很喜欢的产品吗？通过系列发问，我们对 A 公司会有一个清晰的认识，其产品可替代性强，并不是必须拥有。应付款项的金额如此巨大，很可能是由于拖欠货款的缘故，同时应收账款的急速膨胀也可以相互印证。

❻ 从公司发展战略判断

主要考察公司所处的行业竞争度，以及其在行业中的地位、产品竞争力、市场占有率等。

从投资行为的概率来说，“踩雷”确实是难以避免的，这也是说做投资每天都是如履薄冰的原因。因此，面对诡谲多变的资本市场，我们只能学好本领，主动去防范和避免风险，而一旦危机发生，就应该立即采取措施补救。

三、几点投资经验

❶ 恪守自己的能力圈

一个人能够真正熟悉的行业不会很多，如果总认为自己无所不能，任何行业都能看清摸透，这相当于把自己置于一个危险的境地。因此，切记不要把自己投资的范围扩展得太大，做自己熟悉的行业和公司，可以大幅降低出错的几率。

❷ 对于高估值的标的要谨慎

估值太高本身就是一把双刃剑，如果你没有对行业和公司深入了解，不知道为什么会有如此高的估值，那么对这样的公司一定要非常谨慎。在这一点上，务实的态度非常重要，那些整天谈梦想和未来的公司获得的高估价的人本身就不现实。

❸ 学会分析利空事件的杀伤力

很显然，任何公司都会面对利空事件，当利空出现时，首先要第一时间学会分析其会否对公司造成致命打击，公司是否能够安稳度过危机，公司账面现金有无足够保障，而不是一下子慌了神，如无头苍蝇一般乱撞。

❹ 多听反面意见

对于反面意见要有开放的心态，这些意见能够检验自己的专业水平，更有利于加深自己对目标公司的了解程度。如果对反面意见有充足的理由反驳，那么持股就可以更安心。

第四节 财务造假为何屡禁不绝

小董还在读大学，为了日后进入社会积累工作经验，刚进入大学校园便开设了股票账户。两年实战下来，让他备感郁闷和不解的是，进行财务造假的公司并未随着监管制度的完善而减少，他也碰到过因财务造假而被证监会查处的公司，自己也遭遇重大投资损失。

其实，小董遇到的问题所有股市投资者都经历过，而研究财务造假需要从源头上探究原因。那么，上市公司为什么敢于造假，置国家法律法规和股民的质疑于不顾呢？归根结底还是离不开“利益”二字。仔细分析，具体原因有如下 8 个方面。

老张：“老李，财务报表的基础知识、如何挖掘机会和避雷的方法你都学会了，还有什么要了解的吗？”

老李：“谢谢你带着我学习了这么多财报知识，还有最后一个问题要请教你。”

老张：“好，给你最后一个提问机会。”

老李：“现在监管如此严格，这些企业管理者明知造假是严重的违法行为，会损坏无数投资者的利益，为何还要去做呢？”

老张："好问题！其实，归根结底，还是利益因素。造假都是为了自身利益，一般来说，上市公司造假具体有八大原因。"

老李："我知道有的公司造假，是为了避免被 ST，影响筹集资金。"

老张："对，你说的正是八大原因之一，其他还有如公司管理层为了完成业绩考核要求、满足高管的升迁需求等原因。"

老李："本书的学习总算全部完成，再次感谢！"

老张："不客气，祝你投资顺利，多抓牛股，早日实现财务自由。"

一、将公司股价维持在一个合理范围内

众所周知，公司股票的运行情况与公司的收益呈现正相关关系，公司利润上涨，股票价格也随之上涨，而股票价格的上涨对股东来说将会产生巨大收益。由此，公司管理层就有了粉饰财报的动机，一旦将公司利润抬高，就会引起股市上各方资金的注意，公司股价就容易被炒到很高，从而使所有股东受益。同时股票价格越高，通过股票质押所获得的融资也就更多，这也是抬高股价的一个重要因素。

二、避免公司被 ST，影响筹资

在 A 股市场上，根据相关规定，若公司连续两年净利润为负数，则公司将会被 ST。若公司第三年盈利依旧为负，将会暂停上市，公司的筹资渠道将会受到巨大影响，很可能导致资金链断裂。经过粉饰或者造假的财务报表可以解决利润持续为负的问题，从而避免企业被 ST。

三、完成业绩考核，获得巨额奖金

很多公司管理者都是背负考核任务的，比如很多大型企业负责人。如果他

们完不成任务，前途就会受到影响。如果某一年度，企业经营形势非常严峻，保质保量地完成任务已经看似不可能，那么应该怎样做呢？这时有人就会把希望寄托给财务人员，通过报表粉饰的手段让公司的经营数据表现得好看一些，进而获得巨额奖金。

四、利于从银行等金融机构获取融资

企业在银行等金融机构贷款时，金融机构的风控委员会对企业进行全面的评估，其中公司财务是银行审核最核心的内容。如果公司的财务数据展示的是企业经营的稳健与繁荣，那么银行向企业贷款的可能性就会更高，同时公司良好的财务表现也能使公司获取资金的成本偏低。

五、满足 IPO 或增发需求

从历史经验看，公司 IPO 上市时的财报是“粉饰”高发区，甚至有很多公司会出现严重的财务造假。为什么公司 IPO 会出现这么多的造假案例呢？原因就在于企业一旦上市，公司的市值和品牌影响力将会出现量级跨越，在巨大的利益面前很多公司最终选择铤而走险。

六、规避税收的需求

一些经营状况理想且效益不错的民企，为了避免缴纳高额税款，会在财报中进行“合理避税”的修饰。所得税是在企业利润基础上，实实在在的现金流出。出于偷税、漏税、少纳、迟纳的目的，经营者一般通过隐瞒收入、虚构成本费用、将本期报告利润推迟来调整应纳税额或改变固定资产的折旧方法、存货的计价方法等会计政策来减少纳税。

七、推卸历史包袱

高级管理人员、财务负责人调职离任前，会对其在职期内由于个人原因造成经营不善或重大财务问题的会计报表进行包装粉饰，来推卸自身责任，以成功躲避公司的离任审计。

上述几点是财务造假的常见动机，也许有人会问，既然财务报表造假并不难，且层出不穷，识破难度很大，那么分析报表的意义何在呢？

对普通股东而言，因为有需要，所以有存在。而存在之所以有意义，是因为财务报表即使存在造假，也只能是部分数据造假，是“粉饰”，不是“平地起高楼”，不可能全部都造假。

早年，上市公司造假相对容易，如今随着监管机制日趋健全，造假的漏洞慢慢被堵上，造假的难度增加了很多。换句话说，小范围内走走账、虚赠虚增收入或利润，这些好操作、不容易被发现，但一旦大面积动作，就不是你想不想造假，而是你有没有能力造假的问题了。

由于财务与经营数据之间复杂的钩稽关系，非常容易露马脚，没有办法做到天衣无缝，以目前绝大多数公司的财务水平，不管是通过纵向还是横向对比，内部分析都很容易被发现。上市公司都聘有独立资质的第三方会计师，还有证监会等监管机构，很多双眼睛盯着你，真要造假，先问问自己心虚不虚。

注册会计师事务所有没有可能与公司合谋一起造假？答案肯定是有，但是这样的造假绝大多数发生在小范围内且金额较小，毕竟一家会计师事务所最核心的竞争力就是自己的声誉，如果公司为了短期的利益而作出损害自己长远目标的事情，那么对会计师事务所来说得不偿失，所以这样的事件只能算是小概率事件。就算有通过合谋造假的情况，我们也可以从其他方面引起警觉进而规避掉大风险。

对投资者、银行等特殊用户来说，企业自己出的报告，不可不信，也不会全信，这些投资者会根据自己的专业能力，全面审视目标企业，并作出相应决策。

【后记】

写书是个辛苦活，尤其是财务报表这种专业书籍，更是费时费力、工程浩大、比较烧脑。与诗歌、散文和小说等文学作品的写作不同，除开纪实、历史等特定题材，大多数文学作品没有绝对的对错，作者的脑洞开得越大越好，天马行空更佳。作者主要考虑语言是否优美，立意是否新奇，结构是否合理，故事是否打动人等。而专业书籍首要考虑内容的准确性和科学性，有约定俗称的算法及公式。然后考虑不同读者的专业基础和接受度问题，如果能做到让枯燥无味的阅读变成心情愉快的悦读，那么自然是再好不过。

本书的写作，可谓费尽周折，仅目录调整优化就不下 5 次。原因在于，财务报表涉及的知识点太多，本书不是高校教材，不必面面俱到，作为面向广大普通读者的市场书，宗旨是用于指导他们投资实战，所以只能尽可能地选取重点或经常遇到的问题。初稿完成后，作者又对内容修改了至少六七遍，这样反复修改的目的，是希望将我们的经验和吃过的亏，尽可能地以简单易懂的方式表达出来，读者看后能掌握具体的方式，并将其运用于自己的企业管理和股市投资工作。

在写作过程中遇到瓶颈时，作者几度欲放弃，但一想到身边的亲朋好友和大量散户投资者一茬一茬地被主力割韭菜，总感觉心里不是滋味。尽管很清楚股市博弈的残酷无情，也明白“一赚二平七亏”的定律太难打破，但始终想为广大投资者做一点点微不足道的事情，而将自己的所思所想写成书是一个较好的方式。

反复思考之后，还是决定继续挑灯夜战，敲下那些异常沉重的文字。其实，文字的撰写还不是最难的。如何将专业知识用通俗有趣的对话，通过图解形式表现出来，更让人伤脑筋。之所以选择这种比较麻烦的方式，是希望基础薄弱的读者能更好理解书中的内容，而不是囫囵吞枣。

如今，当这本书终于呈现在读者面前时，作者终于可以长吁一口气。虽然不敢说是最好的，但肯定是用心努力的一点成果。如果能为读者带去一点实际的用处，帮助其规避掉一些在企业管理或投资过程中隐藏的风险，或赚到钱，作者将倍感欣慰。

借此机会，特别衷心感谢优质内容运营商考拉看看 CEO 马玥女士以及美编老师等人的关心和帮助。

如有疏忽之处，敬请指正，以便再版时补充完善，感谢你们!

读 者 意 见 反 馈 表

亲爱的读者：

感谢您对中国铁道出版社有限公司的支持，您的建议是我们不断改进工作的信息来源，您的需求是我们不断开拓创新的基础。为了更好地服务读者，出版更多的精品图书，希望您能在百忙之中抽出时间填写这份意见反馈表发给我们。随书纸制表格请在填好后剪下寄到：北京市西城区右安门西街8号中国铁道出版社有限公司大众出版中心 张亚慧收（邮编：100054）。或者采用传真（010-63549458）方式发送。此外，读者也可以直接通过电子邮件把意见反馈给我们，E-mail地址是：lampard@vip.163.com 。我们将选出意见中肯的热心读者，赠送本社的其他图书作为奖励。同时，我们将充分考虑您的意见和建议，并尽可能地给您满意的答复。谢谢！

所购书名：

个人资料：

姓名：　　　　性别：　　　　年龄：　　　　文化程度：

职业：　　　　电话：　　　　E-mail：

通信地址：　　　　邮编：

您是如何得知本书的：

□书店宣传 □网络宣传 □展会促销 □出版社图书目录 □老师指定 □杂志、报纸等的介绍 □别人推荐

□其他（请指明）

您从何处得到本书的：

□书店 □邮购 □商场、超市等卖场 □图书销售的网站 □培训学校 □其他

影响您购买本书的因素（可多选）：

□内容实用 □价格合理 □装帧设计精美 □带多媒体教学光盘 □优惠促销 □书评广告 □出版社知名度

□作者名气 □工作、生活和学习的需要 □其他

您对本书封面设计的满意程度：

□很满意 □比较满意 □一般 □不满意 □改进建议

您对本书的总体满意程度：

从文字的角度 □很满意 □比较满意 □一般 □不满意

从技术的角度 □很满意 □比较满意 □一般 □不满意

您希望书中图的比例是多少：

□少量的图片辅以大量的文字 □图文比例相当 □大量的图片辅以少量的文字

您希望本书的定价是多少：

本书最令您满意的是：

1.

2.

您在使用本书时遇到哪些困难：

1.

2.

您希望本书在哪些方面进行改进：

1.

2.

您需要购买哪些方面的图书？对我社现有图书有什么好的建议？

您更喜欢阅读哪些类型和层次的书籍（可多选）？

□入门类 □精通类 □综合类 □问答类 □图解类 □查询手册类 □实例教程类

您在学习计算机的过程中有什么困难？

您的其他要求：